年をかさねても「若い人」の95のコツ

心理カウンセラー
植西 聰

興陽館

はじめに――いつまでも美しく若々しく年をかさねるコツとは

あなたは「年をかさねる」ことについてどう感じているでしょうか。

不安に思っているかもしれません。

いつのまにか体が疲れやすくなってきている。

昨日、カンタンにやれたことが今日はできなくなっている。

いつのまにこんなに年をかさねてしまったんだろう、とガッカリしているかもしれません。

誰もが同じように年をかさねます。

年をかさねていくというのは避けることのできない人間の運命と言えるでしょう。

フランスの小説家であるアンドレ・ジッド（19〜20世紀）は、

「美しく年をかさねるのは、至難《しなん》の業《わざ》だ」

と述べました。

他にも多くの作家が美しく年をかさねる難しさについて書き残しています。

しかし、年をかさねてもなお若々しくいることは不可能ではないことのように思います。

実際に、世の中には、高齢になっても、羨《うらや》ましいほどの若さや美しさを保っている人がいます。

年をかさねても老けない人は、いつも自然で若々しい。

肌の艶《つや》は良く、目はイキイキと輝き、声には溌剌《はつらつ》とした響きがあり、そしてエネルギッシュな行動力を発揮します。

一つや二つ持病があったとしても、基本的には健康的に活動を続けています。

若い人たちとは違った意味で世の中のために役立ち、また世間から注目を集めているのです。

そのような人たちと話をしていると、何かしらみなさん「若返りのコツ」を心得ているように思えるのです。

その人たちと話をする中で、一つの共通点があることがわかりました。つまりそれらの人たちは「心が若い」ということなのです。

心が若い人は、体も若々しいということが、多くの研究結果から科学的にも立証されつつあります。

反対に、心が老け込んでしまっている人は、元気がありません。

「心の持ち方」は想像する以上に大きな影響を私たちに与えます。どう考えて暮らすかで、変わっていきます。ちょっとした心の習慣が圧倒的な差になるのです。

本書では、あなたが「若々しくなる」ための様々なアドバイスを行っています。

本書が、「若々しさを保っていくため」に、一つでも役立つことがあれば、著者として幸いです。

年をかさねても「若い人」の95のコツ

年をかさねても「若い人」の95のコツ　目次

第1章　ワクワクするような夢を持つ

第2章　チャレンジ精神を持つ

第3章 活動的に生きる

第4章 楽しく遊ぶ、楽しく恋愛する

第5章 良き友人を持つ

第6章 楽天的に生きる

第7章 快適に生きる

第8章

年齢を意識しない

第9章 人の役に立つことをする

第10章 ストレスを軽くする

装丁…長坂勇司

第1章

ワクワクするような夢を持つ

1　元気で長生きする人の共通点

イギリスのユニバーシティ・カレッジ・ロンドン大学の研究で興味深いことがわかりました。

それは、元気で長生きする人は「心が若い」ということです。

つまり、実際の年齢よりも「私は若い」と日頃から感じ、そして、たとえ高齢になっても若々しい意欲や情熱を持ちながら生きている、ということなのです。

「心が若い」人たちは何事にも積極的です。

自分自身の健康管理ということにも積極的に取り組んでいます。

のみならず、「生きる」ということにも積極的なのです。高齢になっても、若々しい夢を持ち、夢を実現することに前向きに取り組んでいるのです。

もちろん高齢になれば、若い頃に持っていたような体力はなくなります。

若い頃のようにガムシャラにがんばっていくことはできないかもしれません。

しかし、自分ができる範囲で、「夢の実現のために、がんばっていこう」という意欲がとても旺盛なのです。

ユニバーシティ・カレッジ・ロンドン大学の研究では、「心が若い」人は、そうでない人に比べて、重い病気にかかる割合が低く、元気に長生きする人が多かった、ということです。

つまり、「心が若い」＝「体が若い」ということです。

そして、「心が若い」人は、若々しい夢を持ち、そして夢の実現のために、やはり若々しい意欲や行動力を持っているのです。

これは、これから高齢期を迎えようとしている人、また年をかさねている人にとって、大切な生き方のヒントを与えてくれる研究結果ではないでしょうか。

自分の健康管理をし、「生きる」ことに積極的になる。

2　科学的に実証された「心の効能」

年をかさねても若々しさを保ち、そして元気に長生きする人には「心が若い」人が多い……という研究結果の報告は、イギリスのユニバーシティ・カレッジ・ロンドン大学の他にもたくさんあります。

たとえば、厚生労働省の研究班が日本国内で実施した調査でも、そのような結果が出たのです。

また、慶応大学でアンチ・エイジング医学を研究している研究者の報告でも、やはり同じような結果が出たのです。

では、「心が若い」とはどういうことか、もう少し具体的に言えば、次のようなことなのです。

＊年をかさねても、明るく前向きである。

＊夢を持ち、夢に向かって意欲的に生きている。

＊生活を楽しもう、という意識が強い。
＊「楽しい」「うれしい」など前向きな言葉をよく口にする。
＊いつも幸せそうにしている。自分は幸せだと信じている。

大切なことは、長生きだから、明るく前向きになっていく、ということでは必ずしもない、ということです。

明るく前向きな気持ちを持っているから、長生きになる、ということです。

同じように、長生きだから、若々しい夢を持つ、ということではないのです。

若々しい夢を持って毎日を楽しく生きているから、その人は自然に長生きできるようになる、ということです。

つまり、「心の持ち方」が大切だと言えるでしょう。

「楽しい」「うれしい」という言葉を口にする。

3　この「若返らせる力」で１００歳を超える

日本メンズファッション協会が設立したベストドレッサー賞というものがあります。

毎年、各界のオシャレな著名人からこの賞の受賞者が出て、マスコミで話題になったりします。

２０１２年、このベストドレッサー賞を受賞したのは、１０６歳になる人物でした。教育学の名誉教授である男性です。

大変な長寿にもかかわらず、オシャレを忘れず、楽しんで生きることをモットーにし、また現役で社会で活躍していることが表彰されたのです。

彼は、また、「若々しい夢」の持ち主でもあります。

１００歳を超えても「世界で活躍したい」という夢を持ち、１０５歳の時には実際に、講演のためにアメリカ、南アフリカ、ロシアなど九つの国を一カ月あまりかけて巡ったというのです。

そして、「公共交通機関を使って世界一周した最年配者」としてギネスブックにも認定されたと言います。

若々しい夢を持つことが、その人を若返らせる力を持つという一つの証しでもあると思います。

人にとっては、何歳になっても、「夢を持つ」ということが大切です。年をかさねた人にとっては「夢を持つ」ということが特に大切になってきます。

年齢的に若さを失っていくことは人間の自然現象で仕方ないことだと思いますが、夢を持ち、それに向かって意欲的に生きることによって、人は「若々しい生命力」を保っていけるのです。

１００歳すぎたら、ギネスブックに載ることを「夢」にする。

4 年をかさねても「学ぶこと」は大事

「学ぶ」ということは大きな喜びになります。

特に、「年をかさねても、私には学ぶ意欲があり、また学ぶことによって自分自身を成長させることができる」ということは、大きな生きる励みになるのです。

そういうわけで、たとえば各地にあるカルチャーセンターは、たくさんの年配者で賑《にぎ》わっているようです。

何かを学ぶと、また、そこに「楽しい夢」が生まれます。

たとえば、古典文学の源氏物語について学んだとします。

そうすれば、「今度京都へ旅行して、源氏物語のゆかりの地を訪ね歩いてみたいものだ」という夢も生まれます。

そして、京都旅行の夢を叶えるために、計画を立てたり、情報を集めたり、宿泊先を探したりすることも、やはり楽しい生きがいになっていくのです。

そういう意味で、年をかさねたら何か「学ぶ」ということを始めるのがいいと思います。学ぶことから得られる喜びや、生きる励みや、楽しい夢も、若返りのコツになるでしょう。

「もう年だから、今さら何かを学ぶなんて〜」などと、ためらうことはありません。

イギリスのことわざに、「学ぶに、老いすぎているからできない、ということはない」というものがあります。

たとえ、60歳になっても、70歳をすぎても、何かを学び始めることに「老いているからできない、ということはない」という意味です。

本人に、その気があれば、何歳であっても学び始めることができるのです。

従って、これも若さを保つ方法だと思って、何か学び始めるのがいいと思います。

いくつになっても学び始め、学びつづける。

5「三行日記」で健康維持をする

健康維持の方法の一つとして、最近「三行日記」が注目されています。

次の要領で各項目を1行ずつにまとめ、そして1日に3行の日記をつけていくのです。

①今日もっとも嫌だったこと。

②今日もっともうれしかったこと。

③明日、やりたいこと。

この三行日記を実践して、元気に活動しているスポーツ選手や芸能人も多いようです。また、一般の人たちにも流行しています。

「嫌だったこと」を書き出すことは、上手な自己管理につながります。

たとえば、「体調が悪かった」ということを書くことで、「しばらく無理なことをするのはやめよう」「食生活に注意しよう」という意識を持てます。

次に、「うれしかったこと」を書き出すことは、生きている喜びや充実感を実感することにつながります。

また、「明日、やりたいこと」を書き出すことで、生きる目標が明確になります。

また、明日への希望が生まれます。そして、気持ちがウキウキしてきます。

それは、さらなる生きる意欲を生み出していくのです。

それが若返る秘訣になるのです。

人生はもちろん、いいことばかりではありません。

嫌なこともあるでしょう。体調が悪い日もあるでしょう。

しかし、この三行日記を書くことで、嫌なことがあっても上手に自分をコントロールしながら、「やりたいことをやって、うれしい経験をもっとたくさんしていこう」という気持ちになっていくのです。

三行日記を書いて若々しさを保っていく。

6　寝る前には「明日、やりたいこと」を想像する

夜寝る前に「明日、やらなければならないこと」を思い浮かべる人も多いと思います。

たとえば、「明日は、報告書を上司に提出しなければならない。会議もあるから、資料を作っておかなければならない」といった具合です。

多くの場合、それは「義務として、やらなければならないこと」でしょう。

しかし、日頃から仕事のプレッシャーに苦しんだり、忙しい仕事に追われている人にとっては、寝る前に「義務として、やらなければならないこと」など思い浮かべてしまったら、「ああ、明日も大変な仕事が待っているのか」と憂うつな気持ちになってしまうこともあると思います。

そうならば、夜寝る前には「明日、やらなければならないこと」ではなく、「明日、やりたいこと」を想像するほうが良いと思います。

仕事に関係しないことでもいいのです。

気持ちがウキウキしてくるような楽しいことを思い浮かべます。

「明日は週末だから、仕事を終えてから昔の友人に連絡を取って会おう。楽しい思い出話をたくさんしよう」といったようなことです。

そのような、気持ちがウキウキしてくるような「明日、やりたいこと」を思い描きながら寝ることで、心地よく眠ることができるようになります。

質のいい眠りを得ることができ、そして翌朝は元気に目覚めることができます。

従って寝る前には「明日、やりたいこと」を思い浮かべることを習慣にするほうが良いと思います。

良い眠りは、健康の基本の一つです。

また、若々しさを保っていくコツにもなります。

「明日、やりたいこと」を思い浮かべながら就寝する。

7　人は三度「20歳」を迎える

よく40歳は二度目の20歳《はたち》、60歳は三度目の20歳……と言います。

40歳、60歳という年齢になったら、「これからまた私の青春が始まるんだ。まだまだ私の青春は終わっていないんだ」と、新鮮な気持ちを取り戻して、また元気いっぱいに生きていくことが大切だ……ということを述べた言葉です。

そういう意味では、40歳、60歳という年齢は、これからの人生のプランを一度リセットするのにいい時期であるとも言えます。

40歳になったのをきっかけに、「60歳になるまで、どんな夢を持って、どんな生き方をしていこうか」ということを考え直してみるのです。

そして、60歳を迎えた時には、また改めて、「80歳、つまり三度目の20歳までに、どんな夢を持って、どんな生き方をしていくか」というプランを立て直してみるのです。

80歳まで長生きできた時は、今度は100歳、つまり四度目の20歳がやって来るまでに、どんな夢を持って、どんな生き方をしていくかを考えます。

40歳、60歳、そして80歳という年齢を節目《ふしめ》にして、人生の夢を新鮮なものに作り直してみるのです。

40歳になれば、「これからの人生は、こう生きたい」という新たな夢が生まれてくるものではないでしょうか。

また、60歳になれば、また違った価値観から自分の人生を考え、「これからは、こう生きたい」という新たな夢が生まれてくるに違いありません。

そのようにして何歳になっても新鮮な夢を持ち続けることで、20歳の時に持っていたような若々しい情熱を持ち続けることができます。

二十年ごとの人生プランを設計する。

8　50歳を「新しい青春の始まり」と考える

フランスの作家であるヴィクトル・ユーゴー（19世紀）は、「40歳は青年にとっては老年期であり、50歳は老年にとっては青春期である（意訳）」と述べました。

50歳という年齢を迎えて、「私はもう若くない。青春なんてものは、遠い昔のことになってしまった」と嘆《なげ》く人もいます。

しかし、50歳という年齢を、そんなふうにネガティブに受け取ることはないのです。「50歳は、新たな青春の始まりだ」といったように、もっと前向きな気持ちで考えるほうがいいのです。

そのような前向きな気持ちで50歳という年齢を迎えてこそ、その後の人生を若々しく生きていけます。

そして充実した後半生を築いていくことができるのです。

ヴィクトル・ユーゴーは、この言葉で、そういう意味のことを示しています。

もちろん、50歳という年齢を「青春の始まり」にするためには、自分なりの工夫も必要になってくると思います。

そのもっとも大切なことは、「これからの人生で何をしたいか」「何を目標にして後半生を生きていくか」ということについて「夢を持つ」ということだと思います。

胸がワクワクと、ときめいてくるような夢です。

想像するだけで、心が楽しくなってくるような夢です。

たとえば、「シャンソン歌手になってコンサートを開きたい」といった夢でもいいでしょう。

そんな夢が、気持ちを若返らせ、体に元気を与えてくれるのです。

「これからの人生で何をしたいか」を考える。

9 最後の日まで「夢を持ち続ける」

年をかさねるということは、決して嘆《なげ》かわしいことではありません。

年をかさねるということは、悲しむべきことではないのです。

むしろ嘆かわしく悲しいことは「夢をなくす」ということだと思います。

幸福な気持ちで充実した人生を送るために大切なことに、「ワクワクするような夢を持つ」ということが挙げられます。

これは若い人であっても、中高年であっても同じことなのです。

いや、むしろ、年配者にとってのほうが重要性は増すのかもしれません。

人間にとっては、最後の日がやって来るまで「夢を持ち続ける」ということが大切です。

というのも、若い人ならば、誰かに勧められなくても、自然な形で「夢を持つ」ということができます。

これからの自分の人生に希望を持って生きていくことができます。

しかし、一方で、残念ながら年をかさねた人にとっては、みずから意識しないと「夢を持つ」ということが難しくなってくるのです。

何もしないでいると、体力も落ち、自分の可能性も見えてきて、どんどん「夢をなくす」という方向へ傾斜していってしまいがちなのです。

ですから、みずから意識して、「私はまだまだ若い。自分らしい夢を持って、夢を追いかけて生きていくぞ」と心がけていくことが大切です。

夢を持って、ドキドキ、ワクワクしながら生きることが、自分を若返らせてくれます。

若々しく生きることが長寿にもつながります。

「私はまだまだ若い」と思い続ける。

10　できるだけ考えてはいけないこと

長寿の双子姉妹として日本中に愛されたキンさん、ギンさんは、次のような言葉を述べました。

「悲しいことは考えないほうがいい。楽しいことだけを夢見るのがいい」

キンさん、ギンさんが、元気に長生きした秘訣が、この言葉にあるように思います。

年をかさねると、ある意味、悲しいことをたくさん経験しなければならなくなるのは事実だと思います。

自分自身の体力が衰えていくのも、悲しいことでしょう。

病気が見つかれば、それも悲しい出来事です。

友人たちが亡くなるのも悲しいでしょう。

長生きすればするほど、愛する人に先立たれるという経験もしなければならなくなります。

しかし、そのような悲しいことは、いつまでも「考えない」ほうがいいのです。

言い換えれば、いつまでもクヨクヨ思い悩まない、ということです。

クヨクヨ思い悩めば、それだけ自分自身が老け込んでしまいます。

年をかさねても若々しく生きていくコツは、「楽しいことだけを夢見る」ということです。「こういうことをしたら、楽しいだろうなあ」ということを、たくさん夢見ながら暮らしていくのです。

「春に、家族みんなで花見に行ったら、楽しいだろうなあ」

「趣味の仲間と旅行に行ったら、楽しいだろうなあ」

そんな楽しい夢で心の中をいっぱいに満たしていくのです。

そうすると、体中の細胞が若返っていきます。


クヨクヨ思い悩まず、楽しいことを考える。

第2章

チャレンジ精神を持つ

1 「年をかさねる」とは自由になること

「年をかさねる」とは、ある意味、「色々な束縛から解放されて自由になる」ということではないかと思います。

子供が成長すれば、子育てから解放されます。

定年退職すれば、仕事から解放されます。

もちろん最晩年まで仕事を続ける人もいますが、それでもある程度年齢をかさねれば、若い頃のようにガムシャラに働く必要がなくなってくるでしょう。

年をかさねれば自分の自由にできる時間が増えてくるのではないでしょうか。

また、人間関係でも、義理でつき合うようなことからも解放されていくと思います。

結果的に、たくさんの時間的な余裕が生まれるのが年をかさねた時期なのです。

この自由になる時間を、人生を楽しむために使わないで、ただぼんやりと過ごすのは非常にもったいないことだと思います。

むしろ、せっかく時間的な余裕があるのですから、その時間を有効に使ってたくさんのことにチャレンジしていくことが大切だと思います。

「もう年だから」と言って、新しいことにチャレンジすることをためらう必要はありません。

若い頃は時間がなくてチャレンジできなかったことも、ある程度の年齢になればできるようになるのです。

50歳60歳をすぎてから、たとえば、ギター演奏にチャレンジしてみたり、海外の一人旅にチャレンジしてみるのもいいでしょう。

チャレンジすることが心身の良い刺激になります。

その楽しい刺激が心身を若返らせてくれるのです。

自由な時間を、有効に使う。

2 理想の生き方を、伊能忠敬に学ぶ

江戸時代後期に伊能忠敬《いのうただたか》（18〜19世紀）という人物がいます。日本中をくまなく測量し、日本で初めて精密な日本地図を作製した人物として有名です。

ただし、忠敬が専門的な測量を学び、そして日本地図作成のための旅へ出発したのは、隠居してからのことでした。

それまでは、現在の千葉県佐原市の名主を務め、また酒造などの商売をしていました。

若い頃から天文学などに興味を持っていたのですが、実家の仕事が忙しくてその勉強をできないでいたのです。

しかし、49歳で家督《かとく》を息子に譲って隠居してからは、時間的な余裕を持てるように

なりました。

そこで忠敬は、50歳になってから江戸へ行って本格的に天文学や暦《こよみ》の勉強を始めます。

そして、その過程で地理や測量に興味を持ち、55歳で日本地図を作るための測量調査の旅に出ました。

その後、71歳になるまで10回の測量の旅に出たと言われています。

そして、完成した日本地図を幕府へ献上し、73歳で亡くなりました。

忠敬の人生は、「若い頃に叶えられなかった夢に、ある程度の年齢になって時間的な余裕ができることで、チャレンジするチャンスが生まれる」ということを教えてくれています。そして、忠敬は夢へ向かってチャレンジする意欲が、若々しさを保っていくコツだということを証明しました。

若い頃に叶えられなかった夢にチャレンジする。

3　年をかさねたら「無茶なこと」をしてみる

「年寄りの冷や水」という言葉があります。

年をかさねた人にとって、冷たい水を急に飲んだり、冷たい水を体に浴びることは、健康にとってあまりよくありません。

そこから、この言葉には、「年寄りは無茶なことをしてはいけない。年相応に大人しくしていることが大事だ」という意味があります。

しかし、たとえ年寄りと言われる年齢になったとしても、多少「無茶なこと」をしても良いのではないかと思います。

もちろん健康に害が及ぶようなことは避けるべきなのですが、あまり「年相応」という考え方に縛られることはないのです。

周りの人から「あなたの年齢で、そんなことは無茶ですよ」と言われるようなことに、どんどんチャレンジしていく好奇心と元気を持つほうが若返りには良いと思うのです。多少無茶なことに挑戦するチャレンジ精神を持つことも、いつまでも若々しくしていられるコツになると思います。

登山家の三浦雄一郎さんは、80歳を超えてからエベレスト登山にチャレンジし、そして登頂に成功しました。

三浦雄一郎さんは心臓に病気があり、年齢を考えればエベレスト登山など「無茶なチャレンジ」でもあったのですが、あえてそのようなチャレンジ精神を持つことが三浦さんの若々しさの秘訣になりました。

確かに、健康に配慮したり、危険への対策を取ることも大切だと思います。

ただし、その上で、多少は「無茶なこと」にチャレンジしていく意欲を持つことも、若々しく生きるために大切だと思います。

周りの人の意見は気にせず、挑戦する。

4　老化を防ぐ趣味の作り方

中高年の場合、「趣味がない人」ほど老けるのが早い……ように思えます。

趣味がない人は、人生にこれといった楽しみがありません。

また、友だちづき合いも少ないようです。

ですから、生活に張りがないのです。つまり、良い刺激がないのです。

ですから、年齢の進行よりも早く老化が進んでいきます。

言い換えれば、中高年にとって、趣味を持つということはとても大切なことです。

趣味が生活に楽しみと生きがいを与えてくれます。

また、趣味を通して、たくさんの良き友人と知り合うこともできます。

しかし、長年趣味を持たずにきた人の中には、「何を趣味にしたらいいかわからない」と言う人もいます。

そういう人にお勧めしたいのは、とにかく「何でもいいから、やってみる。チャレンジしてみる」ということです。

知り合いに何か趣味を楽しんでいる人がいたら、自分もまねしてそれをやってみてもいいでしょう。本や雑誌などで紹介されている趣味にチャレンジしてみてもいいと思います。

とにかく色々なことをやって、試行錯誤していくうちに、興味が深まっていき、楽しみを感じられるようなものが見つかります。

たくさんのことにチャレンジして、その中から「私は、この趣味にもっとも興味を感じる」というものを見つけ出していけばいいのです。

そういうチャレンジ精神を持つこと自体も、若返りのコツになります。

そして、楽しい趣味を持つことができれば、さらに心が若返ります。

趣味を見つける。

5　60歳をすぎたら本気でチャレンジ

人は、精神的には成長し続ける存在だと思います。

たとえ高齢になっても、成長し続けます。

言い換えれば、わずかであっても日々の成長を実感し、それを生きる喜びにしていくこと……これも若々しく生きるコツになるのではないでしょうか。

還暦《かんれき》（60歳のこと）をすぎてから、英会話の勉強を始めた女性がいます。

彼女は、英語の勉強など学校を卒業して以来、やったことがありませんでした。

ですから、英語の文法や単語など、ほとんど忘れてしまっていました。

従って、ゼロからやり直したのです。

毎日、「今日は英単語を、いくつ覚える」「今日は、この文法を勉強する」と、無理のない範囲で目標を立て、毎日コツコツと勉強を続けています。

毎日勉強を続けていると、日々少しずつ自分が成長していくのを感じられると言います。

記憶する英単語が増え、まったく理解できなかった英語の文章を少しずつ読解できるようになっていくのです。

そんな「自分の成長」を自覚することが、彼女にとって生きる喜びになっているのです。

彼女のように、たとえ高齢になっても、何かにチャレンジし、そしてそれを通して自分の成長を実感していくことは、とても大切です。

その成長する喜びが、若返りのコツになるのです。

実際に、彼女は、とても若々しく見えます。

ゼロから学びなおす。

6　冒険する人は、いつまでも若い

ケンタッキー・フライドチキンという世界的に有名なファストフード店があります。アメリカ発祥のお店ですが、その創業者はカーネル・サンダース（19～20世紀）という人物です。

このカーネル・サンダースが、ケンタッキー・フライドチキンというファストフード店の事業を始めたのは、実は、彼が65歳の時でした。

貧しい家に生まれた彼は、収入を得るために16歳で軍隊に入り兵士になりました。

しかし、軍隊での生活は長くは続かず、一年後に除隊しました。

その後、鉄道機関車の修理工やボイラー係、また機関助手、保線区員を経験しました。さらに、保険外交員、フェリーボートやタイヤのセールスなど様々な職業を転々として、30代後半でガソリンスタンドの経営を始めます。

そして、そのガソリンスタンドの休憩所の一角で始めたカフェが成功したのを足がかりにして、65歳の時にファストフード店のチェーン化事業に乗り出すのです。

65歳で新たな事業を始めるのは、彼にとって冒険だったと思います。

普通であれば隠居してもおかしくない年齢でしょう。

しかし、彼は、高齢となってもチャレンジ精神を持ち続けていたのです。

その後、彼は、90歳で亡くなるまで、若々しくエネルギッシュに活躍し、ケンタッキー・フライドチキンを世界的な会社にまで成長させました。

彼がなぜ高齢となってからも若々しく活躍し続けることができたのかと言えば、それは旺盛なチャレンジ精神があったからだと思います。

チャレンジ精神を失わない人は、いつまでも若くいられるのです。


高齢になっても自分が活躍できる仕事をする。

7　死ぬまでチャレンジ精神を失ってはいけない

日本で初めてインスタントラーメンを開発して売り出したのは、安藤百福《あんどうももふく》（20～21世紀）という人物です。

また、安藤百福はカップラーメンの開発者としても有名です。

ただし、この安藤百福も遅咲きの人間でした。

インスタントラーメンの開発に成功したのが、48歳の時でした。

また、カップラーメンを開発したのは、60歳を過ぎてからでした。

彼は22歳で事業を始めましたが、当時は太平洋戦争の時代だったので、徴兵され戦地へ行きます。

幸い死なずに済みましたが、再び日本へ戻ってこれた時、30代半ばになっていました。

帰国後は、塩の製造などの事業を始めました。

しかし、一方で、人に頼まれて理事長に就任した信用組合が倒産してしまいます。

その結果、みずからの全財産を、信用組合の清算に充てるはめになります。

一文無しになった彼は、家の庭に食品の開発研究所を立て、インスタントラーメンの開発研究を始めます。

そして、インスタントラーメンの開発に成功し、さらにカップラーメンの開発にも成功したのです。

この安藤百福は、96歳で亡くなるまで、元気に活動し続けました。

彼の若々しさの秘訣も、彼の旺盛なチャレンジ精神にあったと思います。

チャレンジし続ける人は、年をかさねても若々しいのです。

従って何歳になってもチャレンジ精神を持ち続けることが大切です。


チャレンジ精神を失った時から、老化が早まる。

8　人生「守り」に入ると、老いが早く進む

年をかさねていくにつれて、チャレンジ精神を失っていく人も少なくありません。それは、「安定した今の生活を失いたくない」という気持ちがあるからだと思います。40代から50代、そして60代になれば、生活は安定します。収入も安定し、社会的な立場も安定します。もちろん家庭生活も安定するでしょう。その時、もし新しいことにチャレンジして失敗したら、せっかく築き上げてきたものを壊してしまうことにもなりかねません。財産を失い、社会的な立場を失い、そして家族もバラバラになってしまうかもしれないのです。

そんな危険をおかすなら、「あえて新しいことにチャレンジなどしたくない」と考える人がいるのも、ある意味、仕方ないことなのかもしれません。

しかし、そうやって、いわば「守り」に入ったとたん、どんどん若さを失っていっ

てしまうということもあると思います。

若さを失い、体を動かすのも面倒臭くなり、生活が安定したのはいいものの、後半生を楽しく幸せに生きていくことができなくなってしまうかもしれないのです。

そういう意味では、下手に守りに入るのではなく、年をかさねても色々なことにチャレンジしていくほうがいいと思います。

もちろんリスクは避けなければならないでしょう。何かにチャレンジしたことで財産を失ったり、家族がバラバラになってしまうのでは困ります。

そんな危険をおかすのではなく、安全な新しい趣味にチャレンジするのでもいいのです。

旺盛なチャレンジ精神を発揮し続けることが、若返りのコツになるのです。


何歳になっても、旺盛なチャレンジ精神を発揮する。

9　いくつになっても「青春のまっただ中」

アメリカの実業家であり、また詩人でもあったサミュエル・ウルマンは、『青春の詩』という作品の中で次のように述べました。

「青春とは、人生のある期間を言うのではなく、心のあり方を言う」と。

つまり、若々しい心を持っていれば、その人は何歳であろうとも「青春のまっただ中にある」ということなのです。

では、「若々しい心」を保っていくためには何が必要かと言えば、ウルマンは次のように説明するのです。

＊すぐれた創造力を発揮すること。
＊たくましい意志を持つこと。
＊炎《も》えるような情熱を持つこと。
＊怠けることなく、勇敢に進んでいくこと。

＊簡単な道を選ばず、冒険心を持って生きること。

多少意訳して書きましたが、このような意志や情熱を持って生きることで、人の心はいつまでも若々しいのです。

そして、そんな若々しい心を持つ人の人生は永遠に青春である、とウルマンは言うのです。

つまり、何歳になろうが情熱を持って何かにチャレンジし、自分の人生を新しく創造していこうという意志を持てば、それが青春ということなのです。

ウルマンがこの詩を書いたのは、70歳だったと言います。

ウルマンが亡くなったのは84歳ですが、ウルマンは最後まで若々しい意志と情熱を持ち、またウルマンの人生は最後まで青春そのものだったのです。

何歳になっても意志と情熱と冒険心を持って生きる。

10 「信念」、「自信」、「希望」が人を若くする

サミュエル・ウルマンは『青春の詩』の中で、次のようにも述べています。

「信念を持つ人は若く、疑いを持つ人は老いる。

自信を持つ人は若く、恐怖心を抱く人は老いる。

希望がある人は若く、失望している人は老いていく（意訳）」

若い人は、自分のこれからの人生について好奇心旺盛です。

「これからの私の人生には、どんな楽しいことが待っているのだろう」と、ワクワクしながら生きています。

そして、何か面白いことがあれば積極的にチャレンジしていきます。

人間は、たとえ60歳になろうが、70歳、80歳になろうが、そんな若い人たちが持つ人生への旺盛な好奇心とチャレンジ精神を失わないことが大切です。

そして、何かにチャレンジしようとする時、「自信を持つ」ということが大切になっ

てきます。

そこで信念を持ってチャレンジしていく人は、若々しい力を発揮できます。

しかし、「私には無理ではないか」と疑いの気持ちを持ってしまえば、人は老け込んでしまいます。

自分に自信を持つことができる人は、若々しい力で前進していけます。

しかし、「失敗するのが怖い」という恐怖心を抱けば、その人は若さを失っていきます。

最後まで希望を持ち続けることができる人は、いつまでも若々しくいられます。

しかし、途中で希望を失ってしまう人は、その時点から老いが始まるのです。

そういう意味のことを、ウルマンは述べていると思います。

疑い、恐怖、失望を捨てて生きていく。

第３章

活動的に生きる

1「アクティブ・シニア」になって、老後を楽しむ

「アクティブ・シニア」という言葉があります。

「アクティブ」とは、「活動的」という意味です。

「シニア」とは「年配者」ということですが、では具体的に何歳からが年配者なのかと言うと、はっきりした定義があるわけではありません。

およそですが、60歳以上の年齢と考えればいいのではないかと思います。

つまり、「アクティブ・シニア」とは、60歳、つまり還暦をすぎても、活動的に生きている人たちのことと言ってもいいでしょう。

たとえば、長年勤めた会社を定年退職した後も、培《つちか》ってきた経験や知識を生かして自分で事業を起業して活動的に生きていく人たちです。

また、たとえ隠居生活に入ったとしても、家でボンヤリしているのではなく、色々な趣味を持って積極的に活動している人たちです。

たとえば、音楽好き仲間とバンドを組んで演奏活動をしたり、山登りやサイクリングを始めたり、世界を一人旅で巡ったりと、活動的人生を楽しんでいる人たちです。あるいは、社会貢献活動に参加して、困っている人たちのために活動している人たちもいます。中には、東南アジアやアフリカまで行って、現地の人たちのために活動しているシニアの人たちもいます。

仕事を持って働くにせよ、趣味を持って楽しむにせよ、社会貢献をするにせよ、とにかく彼らは年をかさねてもなお元気で活動しているのです。

現在、このようなアクティブ・シニアが増えていると言います。

これは良いことだと思います。老いても活動的でいる……ということが若々しさを保っていくコツになるからです。

外へ出て、積極的に活動する。

2「健康な体」は、活動的に生きていく土台になる

現役引退後、何もすることがなく家でブラブラしている……という人は、ますます老け込んでいくばかりだと思います。

現役引退後、仕事を持ち、趣味を持ち、あるいは社会貢献活動をして、活動的に生きる……という人が、何歳になっても若々しさを保っていくことができるのです。

そんな、老いてもなお元気に活動していく、いわゆる「アクティブ・シニア」には、いくつかの共通点があると言われています。

次のようなことです。

＊自分自身の健康管理をしっかりしている。

＊心の健康を保つことにも留意している。

＊人に甘えることなく、自立心が強い。

＊「経験や知識を生かしたい」という意欲が強い。

「自分自身の健康管理をしっかりしている」というのは、たとえば、体に悪いものを食べず、体に良いものを食べる、ということです。

食べすぎない、といったことも大切です。

また、適度な運動習慣を持って、体の運動機能が落ちないように注意していくことも大切です。

年をかさねても様々な分野で元気に活動していくためには「健康な体」を保っておくことが最低条件だからです。

ですから、食事、運動という二つの面から、アクティブ・シニアは「健康な体」を作っていく努力を怠《おこた》らないのです。


食事、運動で、健康を保つ。

3　クヨクヨ思い悩まない

年をかさねても元気に活動していくアクティブ・シニアになるためには、「体の健康」も大切ですが、同時に「心の健康」を保っていくことも重要になります。

つまり、

＊ストレスを溜めこまない。
＊クヨクヨしない。
＊思い悩まない。
＊明るく前向きな気持ちを心がける。
＊よく笑う。
＊楽天的でいる。
＊不満を持たない。
＊怒らない。

といったことです。

たとえ体が健康であっても、精神的にネガティブな感情を抱えこんでいる人は、仕事や趣味や社会貢献を通して「活動的に生きていこう」という意欲は生まれてはこないのです。

結局は、家に閉じこもってボンヤリとしている、ということになってしまうのです。その結果、そのために老け込んでいってしまう、ということになりやすいのです。

従って、「心の健康」を保っていくということも、活動的に人生を生きていくためには非常に大切になってきます。

言い換えれば、アクティブ・シニアは、「体も心も元気な人」と言えます。

怒らない、不満を溜めない、よく笑う。

4　自分のことは自分でやる

アクティブ・シニアの共通点として、「自分のことは自分でやる」ということが挙げられます。つまり、「人に甘えることなく、自立して生活していきたい」という気持ちが強いのです。

たとえば、「自分の部屋の掃除は、自分でする」といったことです。

この他に次のようなことがあります。

「自分が使っている寝具の片づけは、自分でやる」

「自分の洗濯物は、自分でする」

「自分が必要とするものは、自分で買いに行く」

もちろん年をかさねれば、すべてのことを自分でやるというわけにもいかないと思いますが、しかしそれでもアクティブ・シニアには、できるだけ「自分のことは自分でやる」と心がけて暮らしている人が多いのです。

そういう意味から言えば、「必要のないことで、人に甘えない」「自立心を持って生きる」ということも、若々しさを保っていくコツになるでしょう。

また、掃除や炊事をしたり、買い物に行く、というのは、考えてみると「いい運動」になっていることもわかります。

家族がいると、親切な気遣いをしてくれることがあります。

たとえば、「買い物は私が行ってきてあげますから、家で休んでいてください」と、よく言われるようになりがちです。しかし、そんな言葉に甘えて休んでばかりいたら、体力がどんどん弱くなっていくばかりでしょう。

人に甘えず、自分で「体を動かす」ということが若々しさを保つことにつながります。

いい運動になると思って、人に甘えない。

5「生活不活発病」が、心身の不調をもたらす

「生活不活発病」と呼ばれる症状があります。

特に年配者が発症しがちだと言われます。

年をかさねると、あまり体を動かさなくなる人が多くなります。

つまり、「家でジッとしていることが多い」と言う人です。いわば生活が「不活発」になるのです。

しかし、あまり体を動かさない生活が長く続くと、心身に様々な悪影響が生じてくることがわかってきたのです。

たとえば、次のようなことです。

＊息切れするようになる。肺の機能が低下する。

＊立ちくらみや、めまいを起こすようになる。

＊胃腸の働きが弱まる。食欲がなくなる。

＊体が硬くなる。筋肉が弱まる。
そして、精神的にも、
＊気分がすぐれない。
＊喜びがなくなる。
＊うつ状態になる。
つまり、体を動かさないでいると、色々な症状が出てきてしまう、ということなのです。

また病気になるリスクも高まります。

従って、いつまでも若々しくいたいと願うのであれば、日常生活の中でこまめに体を動かす習慣を持っておくことです。

また、適度な運動習慣を持つことも大切です。


体を動かす。

6 「よく歩く」と元気になる

年をかさねても元気に活動している人がいます。

年齢に関係なく、何歳になっても、精力的に活動している人です。

そんな人たちを見ていると、ある共通点があるように思います。

それは足腰がしっかりしている、という点です。

年をかさねても活動的な生活を送っていくための基本の一つは「元気に歩ける」ということです。

人に会うにも、会合に参加するにも、あるいは遊びに行くにも、旅に出るにも「元気に歩ける」ということが基本的な条件の一つです。

従って普段から、足腰を鍛《きた》えておくことが大切です。

ストレッチのような適度な運動をすることを習慣にしたり、普段の生活の中で「よく歩く」ということを心がけておくのです。

たとえば、駅などでは、エスカレーターやエレベーターは使わずに、階段を上る……ということを習慣にしてもいいでしょう。

最寄りの駅から自宅までは、たまには、バスや自転車を使わずに、歩いて帰る……という心がけを持ってもいいと思います。

そのように日常生活の中で、足腰を鍛えていくという方法もあります。

そして、丈夫な足腰を保っておいてこそ、いつまでも若々しく活動的に暮らしていけると思います。

人間は、足腰から老化していくと言われています。

従って、日頃から、できるだけ足腰を鍛えておくほうが得策です。

足腰を鍛えておく。

7「楽しい目的」のために、日頃から足腰を鍛える

97歳で亡くなるまで元気に活動していた女性作家に、宇野千代《うのちよ》さん（19〜20世紀）がいます。

彼女のモットーは、「一日、一万歩歩く」ということでした。

90歳を過ぎてからも、この「一日、一万歩歩く」を日課として実践していたと言います。

一日一万歩歩くことで得られた丈夫な足腰も、彼女の元気な活動を支える要因の一つになっていたのでしょう。

彼女が、90歳をすぎてからも一日に一万歩歩き、日頃から足腰を鍛《きた》えていたのには目的がありました。

岐阜県の根尾村《ねお》（現在の本巣市《もとす》）に、樹齢1500年にもなる桜の木があります。

毎年春に見事な花を咲かせます。

白っぽい花を咲かせるのが特徴で、「薄墨桜《うすずみざくら》」とも呼ばれています。

宇野千代さんは生前、桜がとても好きでした。

そして、「１００歳になったら、そのお祝いに根尾の薄墨桜を見に行く」という計画を立てていました。

そして、その目的を果たすために、一日に一万歩を歩くことを日課にして日頃から足腰を鍛えていたそうです。

年配者によっては「歩いて足腰を鍛える」ということを辛く感じる人もいるかもしれません。

しかし、このような「楽しい目的」を持てば、心の励みになると思います。


一日一万歩を目標にして足腰を鍛える。

第4章

楽しく遊ぶ、楽しく恋愛する

1 「塗り絵」には、若返りの効果がある

最近、中高年の間で「塗《ぬ》り絵」が流行しています。

塗り絵には心身を若返らせる効果があるということで、塗り絵の本などが書店でよく売れているというのです。

塗り絵をすると若返る、という科学的な根拠があります。

研究では、塗り絵をしていると自律神経の働きが良くなることがわかっています。自律神経の働きが良くなると、精神的に安定します。心地よい感じがしてくるのです。また体の血流が良くなります。

その他、様々な健康効果があるのです。

では、どうして塗り絵をしていると自律神経の働きが良くなるのかと言えば、それは「子供の頃に楽しんだことを思い出す」からだと言います。

子供の頃に塗り絵を楽しんだという人も多いと思います。

そういう人たちは、塗り絵をしているうちに、子供の頃のことを思い出します。塗り絵をしながら兄弟姉妹で、また両親と、あるいは友だちと一緒に楽しい時間を過ごしたことを懐かしく思い出すのです。

それが「自律神経の働きを良くする」ということにつながるのです。

ですから、塗り絵でなくてもいいのです。

子供の頃に楽しんでいた趣味を、中高年になってから復活させるのです。

たとえば、子供の頃に鉄道模型で遊ぶことを趣味にしていた人は、その趣味を復活させます。

鉄道模型で遊びながら、子供の頃のことを楽しく思い出すのです。

それも自律神経の働きを良くする効果があり、若返りのコツになるのです。

子供の頃に楽しんだ趣味を復活する。

2 「手」「体」「頭」を使う遊びを楽しむ

老化防止、また、いつまでも若々しくいるために、「子供の頃によくやっていた遊びを、老いてからまた楽しんでみる」ということが効果的であることがわかってきています。

「塗《ぬ》り絵」「鉄道模型」といったことも、そんな「子供の頃によくやっていた遊び」だと思いますが、他にもたくさんあると思います。

＊お絵かき。
＊手品。
＊あやとり。
＊お手玉。
＊将棋《しょうぎ》、囲碁《いご》。
＊楽器の演奏。

このようなことを「中高年の趣味」として復活させるのです。

そんな遊びを通して、自分の子供の頃のことを懐かしく思い出すことが、自律神経の働きを良くし、年配者の老化防止に役立ちます。

また、子供の頃にしていた遊びは「手」「体」「頭」を活発に使ってするものが多くあります。

お絵かきや手品、あやとりなど「手を動かす遊び」は、脳にいい刺激を与えることも知られています。

また、お手玉など、適度に「体を動かす遊び」は、運動機能向上につながります。

将棋や囲碁など「頭を使う遊び」も、脳の機能を活発にします。

「手」「体」「頭」を意識しながら遊ぶ。

3　子供の頃にしていた「言葉遊び」が脳を若返らせる

子供の頃によくした遊びに、「言葉遊び」があると思います。

尻取り、早口言葉、クロスワードパズルなどです。

そのような言葉遊びも、年をかさねた人にとっては若さを保つ秘訣の一つになります。

特に、「脳の若さ」を保っていくために、言葉遊びは効果的です。

頭をひねって言葉を思い浮かべることは、脳を活性化させることにとても良い効果があるのです。

そのような理由から、高齢者施設などでも、色々な言葉遊びを取り入れているところが多いようです。

施設に通わない人でも、もちろん言葉遊びは手軽にできます。

自宅で、夫婦や、あるいは孫と、尻取り、早口言葉などをして遊ぶのも、良い老化防止になります。

雑誌のクロスワードパズルで遊ぶのもいいでしょう。

ダジャレやナゾナゾも、ある意味、若々しさを保つための言葉遊びとして効果的です。

思いついたダジャレをツイッターやブログに載せて遊んでいる年配者もいます。ツイッターやブログでは、読者からの反響がありますから、それもいい刺激になっているようです。

俳句や和歌を作ることも、年配者には、若々しさを保つための良い言葉遊びになると思います。

いずれにしても、脳の言語能力をつかさどる部分を刺激する遊びが効果的だということです。

尻取りや、早口言葉で遊んでみる。

4　昔のことを思い出す

若さを保つ方法として最近、注目されているのが「回想法」です。

これは、老人施設などで行なわれているようですが、四、五人の小グループに分かれて、子供の頃に遊んでいた「かくれんぼ」とか「鬼ごっこ」「かんけり」について話し合うのです。

すると、みんな昔のことを思い出し、それが自律神経やホルモンに良い影響を及ぼし、若返りの効果があるのです。

若い頃の環境に身を置くと、実際に、その当時の年齢に心も体も近付く、ということです。私自身の回想法は、次のようなことです。

1．カラオケで青春時代の歌を歌う。

2．通っていた大学に行ってイベントを楽しむ。

3．若い頃の写真をじっと見る。
4．学生時代の親しい友人と昔話をする。
5．オールデイズをやっているディスコやライブハウスに行く。

私はスポーツクラブに通っていますが、そこにとてもユニークなクラスがあります。オールデイズやロック＆ロール、昭和歌謡や昭和ポップス、フォークダンスなどの曲を流して踊るのです。

このオリジナルダンスは昔の曲で踊るので、青春時代を思い出し、私にとってはとても若返りの効果があるのです。

頭も使うし、体も使うし、笑いもあり、回想効果もありで、とても貴重な若返りダンスをみんなで楽しんでいます。

回想することで若返る。

5「朗読」で、いい緊張感を味わってみる

最近、中高年を中心とした「朗読《ろうどく》」がブームになっている、という話を聞きました。

各地に朗読サークルが誕生し、たくさんの中高年が朗読を楽しんでいると言うのです。

しかも、他の朗読愛好者や、外から呼んだお客さんなど、大勢の人の前で朗読を行います。

「花咲爺《はなさかじい》さん」や「舌切り雀《したきりすずめ》」といった昔話、あるいは宮沢賢治などの童話、芥川龍之介や太宰治といった文学作品を朗読するのです。

もちろん、情感をこめた話し方をします。

さらに、身振り手振りも加えて、衣装などにも凝って、朗読をします。

ですから、これは一種のパフォーマンスと言ってもいいでしょう。

この朗読を、若々しさを保つための楽しい遊び、楽しい生きがいとして熱中してい

る年配者も多いようです。

確かに、このような朗読は年配者にとって様々な良い効果があると思います。

「声を出して、何かを読む」ということ自体、脳や肺機能に良い刺激を与えます。

また、大勢の人が見ている前で朗読するということは、その本人にいい緊張感を与えることでしょう。

さらに、身振り手振りを加えたり、衣装を選ぶといった演出を考えることで、創造性が発揮されます。

いい緊張を感じることや、創造性を発揮することにも、若返り効果があります。

朗読サークルに参加してみる。

6 自分で面白い遊びを発明してみる

最後まで元気に活躍し続けた精神科医であり、またエッセイストでもあった人物に、斎藤茂太《さいとうしげた》さん（19～20世紀）がいます。

彼は90歳で亡くなりましたが、楽しい趣味をたくさん持つ人物としても有名でした。その中でも特に「旅行」が好きでした。

その旅行先で、彼は、ある面白い「遊び」をすることに熱中していたと言います。それは、「橋を持ち上げる」ということでした。海外の観光地で遊覧船に乗ります。その際に、有名な橋の下を通ることがあります。たとえば、サンフランシスコのゴールデンゲートブリッジです。その時に、ゴールデンゲートブリッジを背景にして、自分の写真を撮るのです。ただし、ただ写真を撮るのではありません。両腕を上げて、万歳をするような恰好をして、ちょうどゴールデンゲートブリッジを持ち上げているようなアングルで写真を撮るのです。

斎藤茂太さんは、このような「遊び」を世界各地の観光地でしていたのです。

年配者にとっては「旅行」ということ自体、老化防止にはとても良い方法です。

いい運動にもなりますし、精神的ないいリフレッシュにもなります。

珍しい風物に触れることは、心や脳への良い刺激にもなります。

それに、この斎藤茂太さんのような「遊び」が加われば、さらに効果的な若返り法になるのではないでしょうか。

そのようなユニークな面白い遊びを自分で発明して楽しんでいくということも、若々しく生きるコツになると思います。


「旅」プラス「遊び」で、若返る。

7　何歳になっても「創造する楽しみ」を持つ

20世紀を代表する天才画家だったパブロ・ピカソは、「子供はみんな芸術家である。問題は、大人になってからも、どうやって芸術家でいるかである」と述べました。

この言葉にある「芸術家」とは、「自分の個性を生かして、何かを創造する」という意味に受け取ることができると思います。

つまり、ピカソは「大人になっても、子供の頃にそうだったように、自分の個性を生かして何かを創造していくことに楽しみや喜びを見出していくことが大切だ」と言っているのです。

そして、そのような「創造することの楽しみ」を持ち続ける限り、その人は子供のような若々しい精神も持続していける、ということなのです。

「創造する」「芸術家になる」ということを、あまり大げさに考える必要はありません。

たとえば、趣味で絵を描くのもいいでしょう。

陶芸を趣味にしてもいいと思います。

ガーデニングをして、自分好みの庭を造り上げることも立派な「創造」であり、また「芸術」だと思います。

そのように何かを作り上げることを楽しむことで若々しくいられるのです。

元気で長生きをする人が多い沖縄県では、作曲を楽しむ人が多いという話を聞いたことがあります。

作曲とは言っても、沖縄に古くからある民謡なのです。

沖縄の美しい自然や風土、また恋愛などをテーマに自分で民謡を作曲して歌うのです。

そういう創造する楽しみを持っていることが、沖縄の人たちの長寿の秘訣の一つと言えるでしょう。

個性を生かして、何かを創造する。

8　いつまでも異性に憧れる気持ちを忘れない

何歳になっても若々しくいられるコツの一つに、「いつまでも異性に憧《あこが》れの気持ちを持ち続ける」ということがあります。

とは言っても、不倫や浮気を勧めているわけではありません。

ステキな人と一緒に話をしたりする時、ドキドキ、ワクワクする気持ちをいつまでも忘れないようにすることが大切なのです。

その「ドキドキ、ワクワク」が、気持ちを若返えらせるのです。

また、気持ちが若返れば、体にも元気がみなぎってきます。

92歳まで長生きした女優に、森光子さんがいます。

彼女は、亡くなる直前まで元気に芸能活動を続けていました。

その森光子さんは、何歳になっても、ステキな男性にドキドキ、ワクワクする気持ちを忘れなかったと言います。

異性への憧れの気持ちを持ち続けていたことが、きっと、森光子さんの元気で長生きの秘訣の一つだったのでしょう。

趣味の会や、スポーツなどの集まりに積極的に参加して、そこで「ステキな人」と話すのもいいと思います。

あるいは、芸能人の中に「好みの人」を見つけ出して、その芸能人が出るテレビを観たり、コンサートや舞台を観に行ってもいいと思います。

そんな憧れの人を間近に見ながら、「あの人、いいなあ」と胸をときめかせる経験をするのです。

実際に話さなくてもいいのです。ワクワクするだけでもいいのです。

そういう機会を増やし、また生きる楽しみにしていくことで、心も体も若返っていきます。

気持ちがドキドキ、ワクワクする相手を見つける。

9　恋愛でワクワクするだけで若返る

ドイツの文豪にゲーテ（18～19世紀）がいます。

ゲーテは83歳で亡くなりましたが、当時としては長寿で、また晩年まで精力的に創作活動を行いました。

ゲーテが70歳になった時の肖像画が残されていますが、肌の血色も良く、目も若々しい輝きに満ち、とても70歳とは思えないくらいです。

そのゲーテは70歳を超えて、恋愛をしました。

その恋愛の相手は、なんと、当時17歳の少女でした。

ゲーテは、その少女に求婚までしたと言われています。

残念ながら、相手の少女から断られてしまい、その求婚は実りませんでしたが、それにしても70歳を超えてから17歳の少女に恋をするというのはすごいことだと思います。

それくらいの元気があったからこそ、ゲーテは晩年に至るまで若々しくいられたのでしょう。

また、最後まで、元気に仕事を続けられたのかもしれません。

今、年をかさねている人も、恋愛でワクワクすることが大切です。

ゲーテのように相手が若い人であったり、自分の思いを実際に打ち明けたり、プロポーズしたりする必要はありません。

ステキだと思う相手を見つめながら、心の中にわき起こるドキドキとした気持ちをみずから楽しんでいるだけでいいのです。

それだけでも心と体は若返っていきます。

若々しくなるためには、異性に対してドキドキする気持ちを忘れないことが大切です。

ドキドキする感情を、みずから楽しむ。

10　恋愛には健康効果がある

恋愛をすることには、様々な健康効果があることが知られています。

アメリカのある研究機関によれば、次のようなことがわかってきたと言います。
＊血圧が下がる。
＊免疫力がアップする。
＊心臓病、糖尿病、認知症を発症するリスクが減る。
＊うつ病になるリスクが減る。
こうして見ると、恋愛というものは中高年にとって、とてもいい若返り法の一つになります。

健康面にも良い影響がたくさんあるので、「恋多き人ほど長生きをする」とも言えるでしょう。

また、恋愛は、美容の面にもいい効果があります。

恋をすると、肌の艶《つや》が良くなると言われていますが、それは若い人も中高年も違いはないと思います。

天台宗の僧侶で、多くのエッセイを書いたことでも知られる酒井雄哉《さかいゆうさい》（20～21世紀）は、「どんなに効果がある乳液も、心にこだわりがあったら効果がない。心が潤《うるお》っていれば何を塗らなくても、べっぴんになる（意訳）」と述べました。

この言葉にある「心の潤い」を与えてくれる効果がもっとも大きいものは、「恋愛」なのかもしれません。

その「心の潤い」に美容効果があると考えられます。

老化防止のために、心に潤いを与える。

11 お金を大切にするより、時間を大切に使う

あり余るお金があるからといって、必ずしも、幸せな老後を送れるとは限りません。

年をかさねていく人間にとっては、お金よりももっと貴重な価値を持つ財産があるように思います。

それは「時間」です。

自分のやりたいことをやって、自由に遊べる時間です。

好きなことを思いっきりチャレンジして、趣味を楽しむ時間です。

しかも、幸いなことに、そういう「貴重な時間」を努力しなくて手にすることができるのが定年後の生活なのです。

仕事や子育てから解放されれば、そのような「貴重な時間」を自分のものとすることができるからです。

もちろん、ある程度お金に余裕があれば、そのような「貴重な時間」を存分に活用

することもできるでしょう。

＊仲間と旅行する。

＊俳句会に参加する。

＊年配者たちで集まって演奏活動を行ったりする。

このようなことは、年配者にとって「若返りをもたらしてくれる楽しい遊び」になります。

また、それにはたいしたお金は必要ないのです。

たとえ年金が少なく、あまりお金がなくても、楽しく遊ぶ方法はいくらでもあると思います。

大切なのは、自分に残された貴重な時間を有効に使って「楽しく遊んでやろう」という気持ちを持つことなのです。

時間をムダに使わずに、大いに楽しむことを考える。

第5章

良き友人を持つ

1 「人に会って話をする」ことは脳にいい

現役から引退すると、自然に人に会う機会が減っていきます。

働いていた頃は、いわゆる「仕事上のつき合い」もあるのですが、引退するとそのような人づき合いもなくなります。

また、必要がない限り外出することもないので、つい家に閉じこもりがちになってしまいます。

そのために、ますます人に会う機会が減っていくのです。

しかし、孤独は、若々しさをなくす原因になります。

ですから、意識して、外出する機会を増やし、また人と会うようにするほうが良いと思います。

人と会い、人と話をすることは、精神的にとてもいい刺激になります。

また、「話す」ということは、脳にいい刺激を与えることも知られています。

それは、とても楽しい刺激です。

人に会って話をすることで、知らなかったことを教えてもらうことができます。

「そういう考え方があったのか」と気づかされることもたくさんあります。

それが心を若返らせてくれる、楽しい刺激になります。

また、人と会って「話す」ということは肺機能を鍛《きた》えることにもつながります。腹筋のいい運動にもなります。

一方で、人に会うことは、体のほうでもいい運動にもなります。

人に会うには、そこへ歩いて行く必要があります。

「歩く」ということも、もっとも手軽で効果的な運動であり、また健康法なのです。

そのような理由から、人に会って話をすることが、若返りのコツになるのです。

人と会うチャンスを作る。

2　晩年こそ、人に会う

ロシアの文豪であるトルストイ（19〜20世紀）は、「生命は他の生命と多く結びつくほど、自我が拡大する」と述べました。

少し抽象的な表現ですが、次のような意味があります。

「生命は他の生命と多く結びつく」とは、結局、「他の人に会って人間関係を作る」ということなのです。

「自我が拡大する」とは、言ってみれば、「自分が人間的に成長する」という意味です。

トルストイは、82歳まで生きた作家です。

当時の平均寿命から言えば、長生きしたほうだったと言っていいでしょう。

そして、晩年まで精力的に創作活動を行いました。

この言葉は、そのトルストイが娘に残した遺言《ゆいごん》の中にあるものです。

つまり、娘に「おまえも多くの人に会いなさい。それが人間として成長していくコツだ」と言っているのです。

言い方を換えれば、トルストイ自身が、そのように多くの人と会い、たくさんの人と話をし、それによって人間的に成長してきた、という証しなのでしょう。

トルストイは人と会うことをモットーにし、それによって晩年になってもなお人間的に成長し続けたのです。だからこそ、晩年になってまで、偉大な小説を新しく生み出し続けることができたのです。

人に会うことで、たくさんの知識を相手から与えてもらうことができます。

今まで気づかなかった、ものの見方や考え方を教えてもらうことができます。

それが、その人の人間的な成長を促《うなが》します。

そして何歳になっても人間的に成長していくことが、最後まで充実した人生を送る大切なコツになるのです。

人からたくさんのことを教えてもらう。

3　定年後もつき合っていける友人を作る

会社を定年退職したとたん、人づき合いがなくなって、家に閉じこもるようになった……という話をよく聞きます。

働いていた頃には会社人間だった男性に、そういうタイプの人が多いようです。

現役の頃は、仕事上でのつき合いはたくさんあると思います。

しかし、引退後は、仕事での人づき合いがまったくなくなってしまいます。仕事を離れたら友人もおらず、結局は家に閉じこもってしまうようになる人もいます。

しかし、孤独感は老いを早める大きな原因の一つになります。

その意味では、定年後も楽しくつき合っていけるような友人を作っておくほうがいいと思います。「良き友人を持つ」ということも、若返りの大切なコツの一つなのです。

イギリスの作家であるサミュエル・ジョンソン（18世紀）も、「年齢をかさねると共に新しい友人を作らなければ、たちまち孤独になってしまう」と述べました。

やはり、年をかさねても若々しくいるためには、良き友人の存在が大切だということを言っているのです。

そういう意味では、特に「私は会社人間だ。仕事一筋だ」という自覚がある人は、現役引退後にも楽しくつき合っていけるような友人を作っておくほうがいいと思います。

できれば、現役でいる頃から、仕事の関係以外でつき合っていける友人を作っておくほうがいいでしょう。

特に、趣味のサークルやスポーツクラブなどを通して、そういう友人を作っておくのがいいと思います。というのも、人は年をかさねると、どうしても活動範囲が狭くなります。現役を引退したら、特にそうなるでしょう。そういう意味で、いつでも気軽に会える場所に友人を作っておくことが大切なのです。

気軽に会える友人を作っておく。

4 なぜ男性より女性のほうが若々しいのか

男性よりも女性のほうが平均寿命が長いことはよく知られています。

また、介護を受けたり寝たきりになることなく、自立して生活ができ、健康的に生活していける、いわゆる「健康寿命」についても、女性のほうが男性よりも長い、という調査結果も出ています。

その理由には色々あると思いますが、一つには「女性のほうが楽しくつき合っていける友人が多い」ということが挙げられるように思います。

女性たちは、よく友人たちと集まって、食事をしながらオシャベリをしたり、ウォーキングをしたり、スポーツクラブへ通ったり、テニスをしたり……といったことを日常的に楽しんでいます。

一方で、男性はというと、そのように親しくつき合える友人がおらず、休日は一人で家でゴロゴロしているということが多いようです。

友人と楽しい時間を過ごすのは、心身にとてもいい刺激になります。

楽しくオシャベリすることは精神的に良いリフレッシュになりますし、また友人たちと体を動かす機会があれば、それはいい運動にもなります。

それは若さを保つ秘訣なのです。

良き友人が近所にたくさんいる女性は、当然、平均寿命も健康寿命も長くなるわけです。

一方で、休日は家でゴロゴロしている男性の多くは、気持ちは沈んでいくでしょうし、運動不足にもなりがちです。

これが健康にいいわけがありません。

そういう意味で、男性も良き友人を作っておくほうが賢明です。


男性も女性を見習って、良き友人を持つ。

5　趣味を語らう時間を持つ

同じ趣味を持つ人たちと集まって遊んだり、語り合ったりすることは、とても楽しい時間になります。

そのような同好の仲間たちと一緒に過ごす楽しい時間も、若々しさを保つために効果を発揮してくれるでしょう。

現役でバリバリ働いている頃から趣味を持って楽しんでいる、という人もいると思います。しかし、同じ趣味を持つ仲間と集まる時間があったかと言えば、仕事で忙しくしていれば、なかなかそういう時間が作れなかったという人も多かったのではないでしょうか。

趣味の仲間から「今度集まろう」と誘われても、仕事が忙しくて都合がつかなかったり、また、たまたま暇《ひま》な時間ができて、自分から仲間に声をかけても、今度は相手が忙しくて来られないことも多かったと思います。

そんなことばかりで、趣味の仲間と集まる機会があまりないという人もいたと思います。

そもそも、同じ趣味の仲間を見つけ出す余裕すらない、という場合もあります。

しかし、現役を引退した人は、自由な時間がたくさんできます。

ですから、大いに同じ趣味を持つ仲間を探し、みんなで集まって楽しんだり語らったりする時間を持つことができると思います。

趣味を持つことは、生きがいとなり、また心の癒《いや》しになります。

また、その趣味を通して、たくさんの人と知り合っていけるというのも、趣味を持つことの大きなメリットの一つです。

それによって、心も体も若返っていくのです。

趣味を一人きりで楽しんでいるのは、もったいない。

6　孤独を愛する人も、時々は人と会う

フランスの小説家であるバルザック（18～19世紀）は、次のように述べました。

「孤独はいいものだということを認めざるをえない。しかし、『孤独はいいものだ』ということを話し合うことができる相手を持つことは一つの喜びである」と。

このバルザックの言葉は、逆説的な表現もありますが、孤独を愛しても結局はやはり、良き友人、良き話し相手を持つことが人間にとっては幸せなことだ……ということを表していると思います。

性格的に、「一人でいるほうが気軽でいい」と言う人がいます。

確かに、人間には、そういう気持ちもどこかにあるのでしょう。

「人づき合いなんて面倒だ。一人でいるほうが、私は好きだ」と言う人もいます。

そして、友人を持たず、近所の人とのつき合いもなく、休日は自宅に閉じこもるようにして暮らしている人もいます。

しかし、そんな「孤独が好きな人」であっても、誰かに会って親しく話をすることは大きな「生きる喜び」になると思います。

ですから、「孤独が好きだ」という人だったとしても、完全に人づき合いをなくしてしまうのではなく、時々は誰かに会って会話する機会を持つほうがいいと思います。

やはり「生きる喜び」を感じることは、その人にとっての幸福感につながっていくばかりでなく、若々しく生きることにもなるのです。

たくさんの友だちを持たなくてもいいのです。

わずかではあっても、心置きなくつき合える友人を持つことが大切です。

また、しょっちゅう友人に会わなくてもいいのです。時々電話で会話するだけでもいいのです。

そうであっても、そのことは生きる励みになるでしょう。

親しくつき合える友人を持つ。

7　面倒な人づき合いが脳を若返らせる

面倒臭い人とのつき合いを避けていると、脳の老化が早まります。

面倒な相手とあえてつき合っていくことは、自分自身の脳の活性化につながります。

……このことは、実は、アメリカの研究でわかっているのです。

たとえば、

＊相性の悪い相手の世話をする。

＊面倒で込み入った交渉をする。

＊ガンコな相手を説得する。

といった人づき合いを日常的に行っている人は、脳の老化が比較的遅く進む傾向がある、と発表されたのです。

そして、認知症になるリスクも軽減される、というのです。

面倒な相手、相性が悪い相手、性格が悪い人、ガンコな人……そんな相手と円満につき合っていこうという時、その人は「どうすればいいか」ということを色々考えます。

相手がどういう気持ちでいるのか、何を考えているのか……ということに想像を巡らします。色々な工夫をして試します。

それが自分自身の脳の活性化につながり、脳の老化防止になる、ということなのです。

これは科学的な統計があるわけではありませんが、住民の自治会の会長をしている人には、年をかさねても若々しい人が多い、という話を聞いたことがあります。考えてみれば、自治会の会長は、まさに「面倒な人づき合い」を日常的に行っている人が多いと思います。それが、若さを保つ秘訣になっているのかもしれません。

面倒な人づき合いを避けない。

8　ペットを飼えば若返る

「良き友人を持つ」のと同様に、犬やネコといったペットが好きな人は、「ペットを飼う」ということも様々な健康効果、老化防止の効果が期待できるということがわかってきています。

では、どのような健康効果を期待できるのかと言えば、次のようなことです。

＊ペットが心の癒《いや》しとなり、安心感を得られる。安心感がメンタルヘルスを向上させ、たとえばうつ病の予防になる。

＊ストレスが軽減され、自律神経の働きが良くなり、血圧が下がる、心臓病を予防する、などの効果がある。

＊生き物をかわいがることが、自分自身の命を大切にする意識を向上させる。また自分自身の健康管理が促進される。

＊犬の散歩などをすれば、それがいい運動になる。

＊犬の散歩の途中、近所の人と会話する機会が増える。それが社会的孤立の防止につながる。

つまり、ペットを飼うことは、友人を持つのと同様に多くの癒し効果があることがわかってきました。

特に、「生き物をかわいがることが、自分自身の命を大切にする意識を向上させる」ということについては、次のようなことが言えます。

生き物をかわいがることで、人は自然に「命の大切さ」に気づきます。

そういう意識は、ペットから「自分自身」にも向かってくるのです。

つまり、自分自身の「命の大切さ」に気づき、自分自身の命を大切にする、という意識が身についてきます。

動物の命を大切にする。

9　よく笑う人ほど若々しい

「ほがらかに笑う」ということは、健康にとてもいい効果があります。もちろん、「ほがらかに笑う」ということが、若々しさを保つ大切なコツになります。人間は年をかさねると、一般的に、笑いが少なくなると言われています。年をかさね、笑いが少なくなると増々老け込んでいってしまうのです。従って、日常生活の中で、ほがらかに笑う機会を増やしていくことが大切です。少なくとも、1日1回は笑うのがいいと思います。昔「一日一善」という流行語がありましたが、それに引っかけて言うならば、「一日一笑」です。「一日一笑」を心がけていくことが、若返りのコツになります。できれば、「一日二笑」「一日三笑」であれば、なおさら良いでしょう。ほがらかに、気持ちよく笑う機会を増やしていくためには、良い友人をたくさん持ち、家族と仲良く暮らしていくことも大切になっていきます。

友だちは一人もいない、家族とはうまくいっていない……というようでは、笑う機会は少なくなってしまうでしょう。

一日中、難しい顔をして暮らしていかなければならなくなります。難しい顔などしたら、それこそ老化が早く進んでいきます。

良き友人と、良き家族に囲まれながら暮らしていればこそ、ほがらかな笑顔になれます。


一日一回は笑うよう心がける。

10「笑う」ことは健康に良い効果がある

最近の研究で、「笑うことは、人の健康にとても良い効果がある」ということがわかってきています。

では、どのような良い効果があるのかと言えば、次のようなことなのです。

＊脳の血流が増え、脳が活性化する。認知症予防になる。
＊免疫力が高まり、病気になりにくくなる。病気の回復が早くなる。
＊ナチュラルキラー細胞が活性化し、ガンの予防になる。
＊自律神経の働きが良くなり、精神的にも安らかになる。
＊血圧が下がる。血糖値が下がる。
＊声を出して笑えば、呼吸器官の働きが良くなる。
＊腹筋のいい運動になる。
＊顔の筋肉を動かすから、美容にもいい。

こうやって見ていくと、良い効果ばかりなのです。

よく笑う人ほど、いつまでも若々しく長生きができると思います。

また、ほがらかに笑っている人は、周りの人たちから愛される、という効果もあります。

明るく笑っている人や、ほがらかに笑っている人は、それだけで愛らしくかわいいものです。

ですから、周りの人たちに愛され、また大事にされます。

周りの人からやさしくしてもらうことは、その人にとってもうれしいことでしょう。

その「うれしい」という感情が、また、若々しさを保つために役立ちます。

ほがらかに笑う。

第6章

楽天的に生きる

1 少し鈍感になることは良いこと

年をかさねるにつれて、だんだんと鈍感になっていくというのは事実だと思います。

しかし、「鈍感になる」ということは決して悪いことではありません。

それは、言い方を換えれば、「小さなことにクヨクヨと悩まなくなる」「どうでもいいことが気にならなくなる」ということでもあるのです。

その結果、とても楽天的な気持ちで大らかに生きていけるようになるのです。

ですから「鈍感になっていく」ということは、幸福に生きるという意味では、むしろ良いことではないかと思うのです。

年をかさねてから、小さなことに敏感に反応してクヨクヨ悩んでもしょうがありません。

どうでもいいようなことに振り回されて、イライラしながら生きていくことなどないのです。

そんなことをしていたら、ストレス過剰になって早く老け込んでしまうことになるのではないでしょうか。

ストレスが老化を早めるということも良く知られています。

ストレス過剰になると、体内でたくさんの活性酸素が発生します。

その活性酸素が細胞を傷つけ、老化を早める影響を及ぼしてしまうのです。

ですから、年をかさねて「鈍感になっていく」ということを否定的に考えることはありません。

それよりも、鈍感になることを歓迎し、喜ぶくらいの気持ちを持っていてもいいのです。

少し鈍感になることも、また、自分を若返らせてくれるのです。

鈍感になることを嘆《なげ》かない。

2　忘れっぽいことは、幸せである

年をかさねていくと、「最近、忘れっぽくなって」とグチを言う人が出てきます。

ある程度の年齢になれば、忘れっぽくなっていくのは人間の自然現象です。

ですから、それはしょうがないことなのです。

グチを言っても仕方ありません。

むしろ、「忘れっぽくなる」ということを前向きにとらえるほうが良いのではないでしょうか。

というのも、忘れっぽくなれば、嫌な経験をしたとして、すぐに忘れることができるからです。

嫌な出来事をいつまでも忘れられずに、いつまでもクヨクヨと思い悩んでいることもないでしょう。

そうならば、多少忘れっぽくなるくらいのほうがいいのです。

そのように楽天的に考えていくほうが、年をかさねていくことを前向きに受け止めることができます。

グチなど言って嘆《なげ》いていたら、それこそ老化が早く進み、さらに一層忘れっぽくなってしまうのではないでしょうか。

世界的に有名な童話『ムーミン』の原作者であるトーベ・ヤンソン（フィンランド出身・20～21世紀）は、『ムーミン』の作中で、「嫌なことはすべて忘れる。だから私はいつも幸せなんだ」と書きました。

そういう意味から言えば、忘れっぽくなった人ほど幸せ者はいないのです。

ですから、グチなど言わずに、忘れっぽくなっていくことを、むしろ楽天的な気持ちで喜ぶほうが健康のためにいいと思います。

嫌なことなどすぐに忘れてしまう。

3　グチを言わない、クヨクヨしない

読売新聞社の社主だった正力松太郎《しょうりきまつたろう》（19〜20世紀）は、「僕はよく『グチをこぼすな、クヨクヨ後悔するな』と言っている。第一に時間の空費だし、体も弱る」と述べました。

この言葉は、特に年をかさねた人には大事なアドバイスになると思います。

というのも、この言葉にある「体も弱る」ということは、それこそ「老化が早く進む」という意味に受け取ることもできると思うからです。

確かに、年をかさねると、グチをこぼしたくなることが多くなるのも事実かもしれません。

物忘れをするようになりますし、若い頃のように体も動かなくなります。

年相応の病気も出てきます。

若い頃には決してしなかったような、つまらない失敗をして、クヨクヨと後悔する

ことあるかもしれません。

しかし、それでもグチを言ったり、クヨクヨしないほうが良いのです。そんなことをすれば、ますます老化が加速していくだけだからです。

しかも、定年後は、自分が自由に使える時間がたっぷりあるというのに、グチを言ったりクヨクヨしているのでは、その有意義な時間を「空費」、つまりムダにしてしまうことになるのです。

従って、グチを言わず、クヨクヨせず、たとえ思い通りにいかないことがあっても、失敗するようなことがあっても、楽天的な気持ちでいることが大切です。

物忘れしようと、年齢ならではの失敗をしようと、「どうってことない」と笑い飛ばしてしまえばいいのです。

楽天的でいることが、年をかさねても若々しさを保っていく秘訣です。

年齢をかさねることを楽天的に考える。

4　持病に感謝する

年をかさねていくと、程度の差はあれ、何か一つくらい病気を抱えながら生活していく人が多くなるようです。

60歳を過ぎて、「どこも悪いところはない」という100パーセント健康そのものの人のほうが珍しいのではないでしょうか。中には持病を持つ人もいるでしょう。

もちろん持病を抱えるということは楽しいことではありません。

気分的には憂うつになることもあるでしょう。

しかし、持病を抱えても、楽天的な気持ちで受け止めるほうが賢明です。

憂うつな気持ちでいたら老化が加速すると思いますし、それこそ病気も悪化する危険すらあります。

「一病息災《いちびょうそくさい》」という言葉があります。

まったく持病がない人は、自分の健康を過信して無茶なことをしてしまいがちです。

そのために大きな病気を招いてしまうこともあります。

それに比べたら、一つぐらい小さい持病を持っている人は、日頃から自分の健康管理に注意して生活していますので、むしろ元気に長生きができます。

「一病息災」とは、そういう意味のことを述べた言葉です。

一つぐらい小さな持病を抱えたとしても、「私は『一病息災』で長生きできる。そういう意味では、病気になってありがたい。自分の持病に感謝したいくらいだ」と、楽天的な気持ちでいるほうが良いのです。

そうすることで、たとえ持病があっても憂うつな気持ちを引きずらないで済みます。楽しい気持ちで、充実した後半生を生きていけます。

持病があっても、意識の持ち方次第で、若々しく生きていけるのです。


「一病息災」のほうが、元気に明るく生きられる。

5 病気から快復するイメージを持つ

病気の治療法の一つに、「サイモントン療法」というものがあります。

これは「イメージ療法」とも言われています。

薬物療法に並行して、いわば「精神的な癒《いや》し」という面から行われる治療法です。

詳しい説明は避け、ここではごく簡単に触れておきますが、この治療法で大切なのは「良いイメージを持つ」ということです。

今病院で受けている治療がすばらしい効果を発揮して、元気を取り戻していく自分自身をイメージします。

また、自分に本来備わっている自然治癒力が強い力を発揮して病気を退《しりぞ》け、そして健康を取り戻していく自分をイメージします。

カウンセラーとの会話を通して、そのような「良いイメージ」を作り上げていき、そして病気の苦痛を和らげ、また病気の回復を促《うなが》す……というのが、この「サイモントン療法」、つまり「イメージ療法」と呼ばれるものです。

この治療法はアメリカのカール・サイモントンという医学博士によって開発され、特にガン患者に用いられています。

しかし、ガンのみではなく、あらゆる病気にも有効に使える部分があると思います。

人は何か病気をすると、往々にして、悪いほう悪いほうへとイメージをふくらませていってしまいがちです。

しかし、「悪いイメージ」が病気を悪化させることも十分に考えられます。

そういう意味では、どのような病気に対しても、「治療が効果を発揮して、元気を取り戻す」という楽天的な良いイメージを持っておくことが大切です。

良いイメージは若さを保つ秘訣になります。

「イメージ療法」で、病気に打ち勝つ。

6 「だいじょうぶ」という言葉で、悲観的な気持ちが消える

フランスの哲学者であるアラン（19～20世紀）は、「悲観主義は気分によるものであり、楽観主義は意志によるものである」と述べました。

年をかさねると、自分のこれからの人生を悲観してしまう時もあると思います。

体力の衰えを感じたり、何か病気を抱えたり、経済的に不安があったり、また家族のことで何か問題が生じることがあれば、なおさら自分のこれからの生活に悲観的になることもあると思います。

しかし、それは、アランの言葉を借りれば、「気分によるもの」にすぎないのです。「気分によるもの」ということは、自分の意識を切り替えることで、消し去ることができるということでもあるのです。

もし悲観的な気持ちが増してきた時は、意識して、楽観的なことを考えるようにすれば良いのです。

「健康の不安はあるけれど、だいじょうぶ。私の人生には、これからまだ楽しいことがたくさんある」

「経済的な不安はあるが、どうにかなるだろう。私には、私をサポートしてくれる人がたくさんいるのだから」

「子供たちとは別居して、パートナーとも死に別れたから、今は一人暮らしだ。寂しい気持ちもあるが、近所にいい友だちがたくさんいるから、心配することはない」

このように、意識して楽観的に考えることで、悲観的な気持ちは自然に消え去っていきます。

アランが言う通り、「楽観主義は意志によるもの」なのです。

自分の意志次第で、悲観的な気持ちを捨てて、楽観的に生きていけます。

楽観的な考えを持って生きていく。

7　これから「どうなるか」を考えない

「病は気から」と言います。悲観的なことばかり考えていると、免疫力が弱まって病気になるリスクが高まってしまいます。

また、今かかっている病気が悪化してしまう可能性も高まります。

従って、できるだけ明るく前向きな気持ちでいるほうがいいと思います。

特に年をかさねた人にとっては、できるだけ健全で前向きな考え方を心がけていくことが大切です。

気持ちの持ち方も、若々しく生きていくための大切なコツの一つになります。

では、どのようにして健全で前向きな考え方を持てばいいかというと、その方法の一つは「どうなるかを考えない」ということだと思います。

人間は年をかさねるにつれて、先々のことを心配して悲観的な気持ちになるということがよくあります。

たとえば、病気になります。すると、すぐに、「もうすぐ寝たきりになるのではないか」「今年の暮れまで生きていられないのではないか」と、先走った考えをして悲観的な気持ちになってしまう人もいます。

たとえ病気にはかかっていなくても、ちょっとお腹が痛むだけで、「ガンではないか。私は、もう長くはないのではないか」という気持ちになって、ふさぎ込んでしまう人もいるようです。

こんな悲観的なことばかり考えていたら、それこそ「病は気から」です。一層体調が悪くなっていくばかりでしょう。

従って、将来「どうなるか」とマイナス思考で考えないほうがいいのです。

そして、明るく前向きに楽観的な気持ちでいるよう心がけることが大切です。

「病は気から」。健全で前向きな考え方を心がける。

8　楽天的でいることが若返りのコツ

「元気」とは、「元《もと》の気」と書きます。

「元の気」とは、その人が本来持っている「気」ということです。

人が元々持っている「気」は、実に若々しいエネルギーにあふれています。

たとえ年をかさねた人であっても、その人に元々備わっている「気」は若さに満ちあふれているのです。

その「元々ある若々しい気」が、ありのままに現れている状態を「元気」と言うのです。

しかし、時に、元々持っている「気」が弱まってしまうことがあります。

それが、いわゆる「気を病む」という状態です。

悲観的な考えをしたり、余計なことを心配したり、必要以上に不安に思ったりすると、自分が持っている「気」が病んでいきます。

それに伴って、元々持っている若々しいエネルギーが弱まってしまうのです。

その結果、やがて若さを失っていくのです。

楽天的でいることが若返りのコツの一つだという意味も、ここにあります。

悩みがあっても楽天的なものの考え方をしていると、自分が持っている「気」が「元々の状態」に戻っていくのです。

つまり、「元気」になるのです。

若々しいエネルギーに満ちあふれた状態に戻っていくのです。

ですから、若々しい人には、楽天的な人が多いのです。


楽天主義によって、若々しいエネルギーを取り戻す。

9 死ぬことを怖れない

人は年をかさねていくに従って、どうしても「自分の死」について考えざるを得なくなります。

しかし、死ぬことを必要以上に怖れないことが大切です。

死ぬことを怖れ、死ぬことを嫌がることは、「気を病む」ことにつながります。

自分が元々持っている「気」の若々しいエネルギーを失っていく原因になります。

つまり、「元気」を失っていって、どんどん老け込んでいってしまうのです。

古代ギリシャの哲学者であるソクラテス（紀元前5～4世紀）は、「人は死を嫌い、死を怖れ、死は悪いことだと思っている。いったい誰が、どのようにして、そのようなことを知ったのか」と述べました。

生きている人間には、「死は、どのようなものか」ということなどわかりません。

死の本当の意味を知っているのは、死を経験したことのある人間だけでしょう。

しかし、死んだ人間は、もうこの世にはいません。従って、生きている人間は誰も、死が「怖いものかどうか」などということなど知らないのです。

死が嫌がるべきものなのかどうかを知っている人間は一人もいないのです。つまり、「知らないのですから、その死を怖れたり嫌がったりすることは意味のないことだ」と、ソクラテスは言っているのです。

言い換えれば、死を怖れたり嫌がったりして気を病んで、元気を失って生きていくよりも、もっと楽天的な気持ちで人生を楽しんでいくほうが有益である、ということだと思います。

死について考えることがあっても、それに執着し思い悩まないことが大切です。

「知らない」ことについて思い悩まない。

10「楽しく生きる」ことだけ考える

江戸時代後期の禅僧である良寛《りょうかん》（18〜19世紀）は、「死ぬ時に、死ねばいい（意訳）」と述べました。

つまり、「死ぬ前から、死ぬことについてあれこれ考えて思い悩んでも何の意味もない。かえって気が病むばかりだから、やめるほうがいい」ということを述べているのです。

人は生きている間は、生きていくことに専念するのがいいと思います。

生きている間は、いかにして楽しく生きていくか、どうやって幸せに生きていくか……ということだけを考えていけばいいのです。

死ぬ時のことなど考えてもしょうがないのです。

そして、もし死ぬ時がやってきたら、ジタバタせずに、自然にその死を受け入れればいいのです。

そのように、生と死という問題について、ある意味、開き直って楽天的に考えていくことが、年をかさねても若々しさを保っていくコツだということです。

良寛は、そういう意味のことを、この言葉で示していると思います。

良寛自身、そのような楽天的な気持ちを持って、晩年まで若々しく生きたのです。

良寛は70歳をすぎてから、当時30歳だった女性と恋愛したことでも有名です。

その女性は、良寛を慕い、良寛に仏教のことを教えてもらいたく思って、良寛のもとを訪ねてきた人でした。

その女性に、良寛は一目ぼれしてしまったのです。

良寛の、そのような若々しさの背景にも、恋愛と、良寛の楽天的な考え方があったと思います。

生きている間に、死ぬことを考えても意味がない。

第7章

快適に生きる

1　きれいな部屋で暮らす人は、いつも若々しい

若々しく生きるコツの一つに、「快適に生きる」ということがあります。
心地よい感情を心に満たしながら生きていく、ということです。
その一つの方法として、「部屋を快適な環境にする」というものがあります。
いつも過ごしている家の部屋を快適な環境にするのです。
自宅の部屋は、もっともリラックスできる場所だと思います。
働いている人にとっては、仕事などの疲れを癒す場所です。
その部屋が快適ではない状態であったら、疲れを癒《いや》すことはできないでしょう。
かえって疲れが増してしまうことになります。
そのために、心身が老け込んでしまう、ということにもなるのではないでしょうか。
部屋を快適な環境にするためには、たとえば、次のような方法があります。

＊部屋をきれいに掃除しておく。

＊美しい花を飾っておく。
＊リラックスできる音楽を流す。
＊気持ちが落ち着く絵を飾る。

また、趣味で何かを集めているという人は、それを部屋に飾っておくのもいいでしょう。

船の模型だとか、骨とう品の皿といったものです。

このような工夫をすることで自宅の部屋が「癒しの場所」になります。

日頃の疲れを解消でき、気持ちがリラックスすることで、それが若々しさを保っていくことにつながっていくのです。

快適な部屋で暮らしている人は、いつまでも若々しい人なのです。

部屋を散らかさない。きれいに掃除しておく。

2　部屋に花を飾る人は、若々しい

心を快適なものにするために、部屋に花を飾っているという人もいると思います。

花には、若々しさを保つために、様々な効果があることも知られています。

まずは、花の香りです。

花が放つ良い香りは、心を安らげる効果があります。

そして、心が安らぐことが、自律神経の働きを良くし、それが若々しさを保つことにつながっていくのです。

たとえば、古代エジプトの女王であったクレオパトラは、バラの香りが好きだったと言われています。

部屋にはいつもバラを飾って、その香りを楽しむことを若々しさを保つ秘訣にしていたのです。

ちなみに、バラの香りには女性ホルモンの分泌を活性化させる効果が強いと言われています。

ですから、特に女性は、バラの花を部屋に飾って快適な生活を心がけることをおすすめします。

また、花の色も、若々しさを保つのに効果があると言われています。

たとえば、ピンク色の花は、内臓の働きを活性化させる効果があるのです。

内臓の働きが良くなることで、肌の若々しさを保つことにつながるのです。

ブルーやホワイトの色の花には、リラックス効果があると言われています。

日頃のストレスが解消され、心身が癒《いや》されることで、それが若々しさを保っていくコツになるのです。

部屋に花を飾る習慣を持つことが、心を快適にするコツです。

ピンク色のバラを部屋に飾ってみる。

3　自然に親しむ時間を増やす

快適な生活をして若々しさを保っていくコツの一つに、「自然に親しむ時間を増やす」というものがあります。

美しい自然は、人の心に癒《いや》しをもたらしてくれます。

また、脳の働きを活性化させることも知られています。

つまり、若々しい脳の働きを保っていく上で、美しい自然にはとても良い効果があるのです。

もちろん、美しい自然は内臓機能にも若々しさをもたらしてくれます。

そういう意味で、次のようなことを実践してみるのがいいと思います。

＊自然豊かな場所を散歩する習慣を持つ。

＊山や海など、美しい自然に接するために旅行する。

＊仕事をしている時も、時々、窓から空を眺めてみる。

＊夜、星空を眺めてみる。

また、テレビなどで放送している自然に関する海外番組や、自然豊かな場所が登場する映画を観るだけでも、かなりのリラックス効果があることが知られています。

もちろん、実際の自然に触れるに越したことはないのですが、都会で忙しい生活をしている人には、豊かな自然に触れる機会が少ないかもしれません。

ですから、そのような人は、テレビの自然番組や映画を通して、美しい自然に触れるのでもいいのです。

あるいは、美しい自然の写真集を眺めるのでもいいでしょう。

昔、旅行した場所で撮影した美しい自然の写真を見る、ということでも効果があります。

自然の風景の持つ力が、人に若々しさをもたらしてくれるのです。

昼には空の雲を、夜には星空を眺めてみる。

4 心配ごとも軽く受け流す

アンチ・エイジング（老化を防ぎ、若々しさを保つ方法の意味）の研究によれば、高齢になっても若々しさを保つコツに、「『私は幸せだ』ということを信じて生きる」ということが挙げられます。

実際には、高齢になれば、色々な病気が出てきたり、お金の心配をしたり、自分の将来を不安に思うこともあるでしょう。

しかし、心ではいつも「私は幸せだ」という気持ちを忘れずに生きていくことが大切なのです。

「私は幸せだ」と思うことで、心にゆとりが生まれます。

心にゆとりがあることで、思うようにならないこと、心配なことが生じたとしても、それを軽く受け流すことができます。

深刻に受け止めれば、ストレスを溜め込むことになります。

そして、過剰なストレスは、免疫機能を低下させるのです。

特に高齢になると、それでなくても免疫機能が低下していくものなのですが、それにストレスが加われば、さらに一層免疫機能が低下します。

そのために、病気になりやすくなるのです。

今持っている病気の症状が悪化しやすくなるのです。

また、ストレスは、血圧を上昇させてしまうのです。

糖尿病を悪化させてしまうことも知られています。

高血圧も糖尿病も年配者にはよくある病気ですが、ストレスがとても悪い影響を与えてしまうのです。

つまり、「私は幸せだ」と思っていくことで「ストレス」を防ぐことができる、ということなのです。

「私は幸せだ」と思って生きていく。

5　寝る前に「三つの幸せ」を思い出す

「私は幸せだ」という意識を持って生きていくことで、心が快適な状態になっていきます。

うれしい気持ち、楽しい気持ちを保ちながら、生きていけるようになるのです。

これは、年をかさねた人にとってとても大切だということが、アンチ・エイジングの研究でわかってきています。

というのも、「私は幸せだ」と思い、そして快適な心の状態で生きている人は、自然に積極的な心が生まれてくるからです。

自分がやりたいことにチャレンジしていくことができるようになります。

自分ならではの楽しい夢を持ち、意欲的に生きていけるようになります。

また、新しい友人を作ったり、何か面白そうなことをしている人の集まりの中に積極的に飛び込んでいくことができます。

自分自身が「私は幸せだ」と信じていることで、一緒に暮らす家族たちも幸せな気持ちになっていきます。

周りにいる身近な人たちも、心地良い気持ちで生きていけるようになります。

ですから、家の雰囲気もとても良くなっていきます。

このようなことはアンチ・エイジング、つまり老化を防ぎ若々しさを保っていくことにとても効果的なのです。

「私は幸せだ」という実感を持つには、たとえば、次のような方法があります。

夜寝る前に、今日あった「幸せに感じること」「うれしかったこと」を思い出してみるのです。

できれば、三つくらい思い出してみればよいでしょう。そういう習慣を持つことで、幸せを実感しながら生きていけるようになります。


「今日の幸せ」を見つけ出してから寝る。

6 現役引退は「ハッピー・リタイアメント」

欧米には、「ハッピー・リタイアメント」という言葉があります。現役引退後の、いわば隠居生活を大いに楽しむ……という意味を示す言葉です。現役を引退するということは、日本では、ともすると「寂しい出来事」として受け取られてしまいがちなのではないでしょうか。

現役を引退する、イコール、「生きがいがなくなる」「やることがなくなって暇《ひま》になる」「会社に勤めていた頃の肩書を失う」「活躍する場所を失う」といったイメージです。

しかし、欧米人は違うようです。

欧米人にとっては、現役を引退することは「ハッピー」な出来事なのです。

それは喜ばしいことなのです。

なぜなら、現役を引退すれば、もう仕事に拘束されることなく、時間を自分の自由に使えます。

やりたいと思っていながら、現役の頃には仕事が忙しくてできなかったことを、現役を引退すれば思い切ってチャレンジすることができます。

しかも、現役の頃のように、時間に追われてアクセク生きるのではなく、悠々《ゆうゆう》とした気持ちで、やりたかったことにチャレンジしていけます。

長旅もできます。新たに何か勉強を始めることもできます。

子供の頃に熱中していた趣味を、また復活させることもできます。

家族と過ごす楽しい時間も増やすことができます。

それゆえに、「ハッピー」なのです。

現役を引退することを「寂しい」と思うのではなく、「ハッピー」な出来事として受け入れていくほうが、もちろん充実した人生を過ごせるでしょう。

現役引退後に「やりたいこと」を決めておく。

7　不愉快な出来事も、笑い話に

年をかさねると、「不愉快な出来事」が増えるのも事実だと思います。

たとえば、「物忘れをして、恥をかいた」「家で転んで、痛い思いをした」「目が見えづらくなり、新聞を読むのが辛い」といったことです。

このような不愉快な出来事を、「いかにも不愉快だ、悲しい」といった顔をして誰かに打ち明ける人もいます。

しかし、たとえこんな不愉快な出来事であっても、「明るい笑い話」にしてしまうのも、若々しさを保つコツになると思います。

不愉快な出来事を、暗くて不愉快な調子で誰かに話せば、そのために自分の心に一層マイナスの感情が溜まってしまいます。

そのマイナスの感情が老化を早める原因になってしまうのです。

ですから、たとえ不愉快な出来事であっても、そのことを誰かに打ち明ける時は、明るく笑って話すということが大事です。

「こんなことになっちゃって～」と明るく笑って話すことで、自分自身が明るい気持ちになります。

また、「まあ、どうってことない」と、楽天的に受け止められるようになります。

「色々不愉快なこともあるけれど、それに負けずに明るく元気に生きていこう」という気持ちになることができるのです。

不愉快な出来事であっても、明るく受け止める……これが若々しさを保つために必要なのです。

そして、そのための方法が「笑い飛ばす」ということです。

不愉快な出来事も、笑い飛ばす。

8　1日に10回、感動する

婦人運動家であり、また国会議員も務めた加藤シヅエ（19～21世紀）さんは、104歳という長寿をまっとうし、晩年まで活躍し続けました。

この加藤シヅエさんがモットーにしていたことがあります。

それは、「1日に10回、感動する」ということでした。

人間は年をかさねると「感動する」ということが少なくなります。

しかし、それは、若々しさを失う原因になってしまいます。

「感動する」ということは心身に良い刺激を与えることです。

また、「感動する」ということによって、人は自分が生きていることの幸福感を実感することができます。

従って、いつまでも若々しく生きるために、「感動する」という習慣を持つことはとても大切なことなのです。

ですから、加藤シヅエさんは、「1日に10回、感動する」ということをモットーにしていたのです。

どんなことでもいいのです。

「庭に、きれいな花が咲いた」

「春風が気持ちよかった」

「孫が遊びに来てくれた」

「ご飯がおいしかった」

そう感じた時、「なんてうれしいのだろう。なんて私は幸せなんだろう」と、自分に語りかけてみるのです。そうすると自然に感動する気持ちが生まれてきます。そして、感動が自分の身心を若返らせてくれるのです。

「感動すること」を日々の習慣にする。

9 感動する人ほど、脳が若い

年をかさねると、感動することが少なくなる……という話を聞きます。

確かにそういう一面もあるのかもしれませんが、これは要注意なのです。

感動することが少なくなると、さらに若々しさを失うことになりかねないからです。

そういう意味では、がんばってでも感動する機会を増やしていくほうが得策です。

また、感動するということには、脳を活性化する働きがあるとも言われています。

つまり、よく感動する人ほど、脳が若いのです。

従って、若々しい柔軟な発想ができ、また何事も前向きに考えていくことができるのです。

ですから、「感動する」ということも、大切な若返りのコツになります。

まずは、人の話を聞く時は、「感動しながら聞く」ということを心がけることから始めるのが良いと思います。

「知らなかった。それはすごい！」

「そんなこともあるんですか。驚きました！」

「やったじゃありませんか。すばらしい！」

「あなたの話を聞いていて、私もうれしくなってきました！」

人の話を聞く時は、このような「すごい！」「驚いた！」「すばらしい！」「うれしい！」といった感動の言葉をたくさん口にすることです。

そうすることで、自分自身の脳が若返ってきます。

それのみならず、会話もはずみます。

相手も感動し、人間関係も良くなります。

そうすれば、相手はさらに面白い話をしてきてくれるでしょう。

その話を聞くことで、またもう一つ「それは面白い！」と感動できます。


「すごい！　すばらしい！」を連発して、人の話を聞く。

10　明るいものを身につける

あるファッションデザイナーは、年をかさねたら、「私には少し若すぎないかな」と思うくらいの、明るい鮮《あざ》やかな色彩の洋服を着るようにするほうが良い……と言います。

明るい色合いの洋服を着ると、気持ちまで明るくなるからです。

気持ちが明るくなれば、自然に肌の艶《つや》も良くなり、表情も若々しくなってきます。

生き方も積極的になっていきます。

ですから年配者にとっては、「明るい色の服を着る」ということが、若返り法になるのです。

確かに、そういうこともあると思います。

人間の心理は、身につけるものに影響されるものだからです。

以前、ブラジルのリオのパラリンピック（障がい者のオリンピック）に出場した高齢の女性卓球選手がいました。

彼女は試合に出場する時、カラフルな蝶々《ちょうちょう》の髪飾りをたくさんつけることをモットーにしていたそうです。

カラフルな飾りを身につけることで、「気持ちが若々しくなる」のでしょう。

彼女の対戦相手は、みな自分よりもずっと年下の選手なのですが、「そんな若い相手にも負けない自信が生まれてくる」と、彼女は言うのです。

やはり、明るいものを身につけることには、「気持ちを明るくする」「気持ちを若々しくする」という心理効果が期待できそうです。

そういう意味では洋服ばかりではなく、スカーフやネクタイの色にも工夫してもいいかもしれません。

若々しい服を着て、若々しい気持ちになる。

第8章

年齢を意識しない

1 老いた生活をしない

小説家の井上靖さん（20世紀）は、「年齢というものには元来意味はない。若い生活をしている者は若い。老いた生活をしている者は老いている」と述べました。

確かに、その通りだと思います。

では、この言葉にある「老いた生活をしている」とは、どういうことなのでしょうか？

それは好奇心を失い、新しいことにチャレンジすることなく、ドキドキと胸がときめくようなことがまったくないまま、なんとなく生活を送っていくことだと思います。

言い換えれば、希望を失い、悲観的な感情で、自分の殻《から》に閉じこもって生活していくことだと思います。

そのような生活をしている人は、たとえ20代の若者であっても「老けている」のです。

逆に、旺盛な好奇心を持ち、色々なことにチャレンジしている人がいます。希望を持ち、楽天的に生きている人がいます。

社交的で、たくさんの人たちとの交友を楽しんでいる人がいます。

そのような人は、たとえ60代であろうとも70代であっても「若い」のです。

ですから、いくつになっても自分の年齢など意識することはありません。

自分の年齢を意識して、「私はもう若くない」「私はすでに老人だ」などと考えることはないのです。そういう考え自体が老化を早めます。

年齢など意識せずに、好奇心とチャレンジ精神と、そして希望を持って生きていくことが大切です。


「私はもう若くない」と考えない。

2 「エイジング・ギャップ」が、自分を若返らせる

「エイジング・ギャップ」という言葉があります。「自分は今何歳くらいだと思うか」という年齢と、自分の実際の年齢とのギャップ、つまりズレという意味です。

ある調査で面白いことがわかりました。20代という若い年代の人たちは、「あなたは今、自分は何歳くらいの年齢だと思いますか」という質問に対して、実際の年齢よりも2〜3歳老けているように感じている人が多かったのです。

一方で、50〜70代の人たちは、実際の年齢よりも10歳前後「自分は若い」と感じている人が多かったのです。

たとえば、70歳の人であっても「私はまだ60歳くらいの若さを保っている」、60歳の人であっても「私はまだ50歳くらいの元気がある」と考えている人が多かったということです。

現在、日本の年配者には比較的若々しい人たちが多いように思います。

この調査結果から考えると、その若々しさの秘訣の一つは、「実際の年齢よりも、私は若いという意識を持っている」ということです。

もちろん、そのような人たちは、適度な運動をしたり食生活に気をつけたり、若々しさを保つ努力もしていると思いますが、同時に「私は若い」という意識を強く持っているのではないでしょうか。

一方で心配なのは、若い年代の人に「自分は老けている」と感じている人が多いことです。

そこには「早く成熟した大人になりたい」という意識も働いているのかもしれませんが、「実年齢よりも老けている」などと考えていると本当に若々しさを失ってしまいます。

実年齢よりも若いつもりで生きていく。

3 「もう年だから」を口にしない

「もう50歳か。もう若くはない」と言う人がいます。

そんなことを言っていたら、ますます老け込んでいくばかりです。

何歳になっても若々しい人は、「もう」などという言葉は使いません。

若々しい人は、「まだ」と言います。

「まだ50歳だ。これからの人生、やりたいことがまだまだたくさんある」という言い方をします。

普段のちょっとした言葉遣いも、若々しさを失う原因になるのです。

特に、自分の年齢を意識して、老いを嘆《なげ》くような言葉を口ぐせにしていると、どんどん老け込んでいくばかりです。

「もう年だから～」

「若くないんだから、今さら～」

「年はとりたくないもんだ」

「ああ疲れた。年だから、しんどい」

このようなネガティブな言葉は、一層若々しさを失う原因になります。

年をかさねていくに従って、人は自分の気持ちが明るくなるようなポジティブな言葉を口ぐせにするほうがいいのです。

それが若く生きるコツになります。

「私は若い。私は元気だ」

「私は何でもできる」

「人生、これからが楽しいんだ」

こんな年齢を感じさせない言葉を多く口にしていくことが大切です。


自分の気持ちが明るく元気になるような言葉を使う。

4　若い人から教えてもらう

年配の人の悪いくせに、若い人を見ると説教をする……ということがあります。

もちろん、すべての年配者がそういうくせを持っているわけではないと思いますが、一部の人には「説教臭い人」がいるのも事実です。

そんなタイプの人の口ぐせが、「今の若い者は～」です。

「今の若い者は、なっとらん」

「今の若い者は礼儀を知らない」

「今の若い者は、バカな連中ばかりだ」

しかし、そんなことを言って、若い人たちに説教ばかりしていることは、自分自身の老化を早めてしまうことにつながりかねません。

年をかさねても若々しい人は、若い人を見て説教などしません。

むしろ、若い人から「教えてもらう」という意識を持っています。

「今の若い人たちは面白いことを知っている。私にも教えてほしい」
「今の若い人たちには、こういうことが流行しているのか。私もチャレンジしてみたいものだ。教えてほしい」

これが、若々しい年配者の、若い人への接し方なのです。

若い人たちの知っていること、若い人たちに流行していることに好奇心旺盛な態度で接していくことが、年配者にとっては楽しい刺激になります。

そして、若い人たちにものを教えてもらうことで、年配者の心身が若返ってくるのです。

そして、若い人たちから若さにあふれたエネルギーをもらって若返っていくのです。

若者から、若々しいエネルギーをもらう。

5 若い人たちと気軽につき合っていく

自分の年齢を意識することなく、若い人たちと気軽につき合っていくこと……これも若返りのコツになります。

60歳から大学に再入学した女性がいます。

看護師として長年、ある大学病院に勤務していましたが、定年退職してから受験勉強を始めたのです。

ある大学の社会人入試を受けて合格し、大学に通うようになったのです。

若い頃から歴史に興味があり、大学で歴史の勉強を始めたのです。

大学では、もちろん、自分よりもずっと若い人たちばかりです。

しかし、彼女は、そんな年齢のかけ離れた若い人たちと毎日気軽につき合っているのです。

彼女自身、「若い人たちと一緒にいると自分の年齢を忘れ、また自分が若返っていくように感じる」と言っていました。

実際に彼女は、以前よりも若々しくなったように見えます。

この女性のように、「若い人と気軽につき合っていく機会を増やす」ということも、若返りのコツになるのです。

大学に再入学するというのも一つの方法だと思いますが、たとえば若い人たちがたくさん集まるような活動に自分も参加させてもらう、という方法もあります。

たとえば、ボランティア活動などは、若い人たちがたくさん集まっているものもあるようです。

それに参加して、若い人と一緒に力を合わせて活動していくというのでもいいと思います。

若い人と一緒にいるだけで、心も体も若返ってきます。


若い人が多い活動に、自分も参加してみる。

6　子供と一緒に楽しむ時間が、若返りの妙薬になる

孫の面倒を見ることが、老化防止になる……という興味深い研究報告があります。オーストラリアの研究所の調査で、57〜68歳の女性を対象に、週に1回、自分の孫や、あるいは他所《よそ》の家の子供をベビーシッターとして預かって面倒を見ている人は、そういう習慣のない女性に比べて、記憶力など老化を調べるテストの成績が良かった、というのです。

その結果から、孫など幼い子供の面倒を見ることは、年配者にとってみずからの老化防止につながる効果がある……ということがわかったというのです。

そういう意味から言えば、若返りのコツとして、幼い子供と接する機会を増やす、という方法もあります。たとえば、

＊孫の学校への送り迎えをする。

＊自分の年齢を忘れて、子供と遊ぶ。

＊小学校の行事にボランティアとして参加する。
＊子供を集めて、習字教室を開く。
＊子供を集めて、コマやメンコなど昔の遊びを教える。

といったことです。

そうすればきっと、自分自身が若返っていくことを実感できるでしょう。

ただし、毎日のように子供の面倒を見るとなると、それは年配者にとってストレスになりやすく、かえって老化を早めてしまう危険もあります。従って「自分にストレスにならないよう、適度に」ということが重要なポイントです。

子供を集めて、昔の遊びを教えてあげる。

7　本の読み聞かせは、効果的な若返りになる

子供たちに絵本や童話の読み聞かせをすることが、効果的な老化防止につながる……という研究報告があります。

東京都健康長寿医療センター研究所は、小中学校、幼稚園、保育園などで、子供たちにボランティアで読み聞かせを行っている年配者約200人に対して調査を実施しました。

その結果、読み聞かせをしている年配者たちは、「自分は実年齢よりも若々しく、また健康である」という意識を持っている人が多かった、ということがわかったと言うのです。

その理由として、

＊子供たちに接することで、気持ちが若返る。

＊「本を読む」ということ自体が肺の機能を良くし、健康効果がある。

＊「本を読む」ということが、年配者自身の脳の活性化になる。
＊社会貢献しているという意識が、生きがいになっている。
＊子供から拍手を受けて感謝されることが、年配者の喜びになる。
＊子供から尊敬の眼差しで見られることが、心の張り合いになる。

といったことが挙げられます。

現在、公共の図書館などで、「絵本や童話の読み聞かせ」をするボランティアを募集しているところも多いようです。

興味がある人は、そのような読み聞かせのボランティア活動に参加してみるのもいいでしょう。

また、参加できなくても普段から、孫や近所の子供たちに本を読み聞かせてあげる習慣を持つことも、みずからの若返りを促《うなが》してくれると思います。

子供たちに、絵本の読み聞かせをしてあげる。

8 「年がいもなく生きている人」は若い

「人からどう思われているか気にしない」ということも、若々しく生きるためのコツになります。

というのも、周りの人たちの中に、「年寄りのくせに～」という目で自分のことを見ている人もいるからです。

「あの人は年寄りのくせに、無茶なことばかりしているんだ」
「いい年齢なのに、あんなことをして恥ずかしくないのか」
「もう若くないんだから、こんなことしないほうがいいのに」
「年寄りの冷や水とは、あのことだよ。笑っちゃうよ」

といった具合に、中には、内心では、笑ったり、バカにしたりしている人もいるのです。

そんな人たちから「自分がどう思われているか」といったことを気にしていたら、

自分自身が「そうだなあ。やっぱり私は若くはないんだから、大人しくしているほうがいいのかもしれない」と、気持ちが消極的になってしまいます。

そうなると、自分の年齢をネガティブに意識してしまって、何もできなくなってしまいます。それこそどんどん若さを失っていってしまうことになるでしょう。

ですから、年をかさねたら、人からどう思われているかなどあまり気にしないほうがいいのです。

そのほうが、思い切って色々なことにチャレンジしていけます。

そして、人生を大いに楽しむことができます。

そういう生き方が、若々しさを保っていくことにつながっていくでしょう。

人の目など気にせず、いい意味で、年がいもなく生きていってもいいのです。

人からどう思われているかなど気にしない。

9　年配者の集まりで、嫌われる人の特徴とは？

年配者中心の趣味の会などの集まりで、嫌われやすいタイプの人がいます。

それは、現役時代、偉い肩書を持っていた男性に多いと言うのです。

「昔偉かった男性」は、年をかさねてもその頃の習慣が身から離れない場合があるようです。

ですから、老人会や趣味の会などで、往々にして、威張った態度を取ってしまいがちです。

そのタイプの人は偉そうな態度で、周りの人たちに接します。命令口調で、ものを話します。

一方で、人から指図されることを嫌います。

そのような横柄《おうへい》な態度に、周りの人たちは反感を感じてしまうのです。

フランスの思想家であるラ・ロシュフコー（17世紀）は、「私たちは生涯の様々な年齢において、まったくの新参者《しんざんもの》として辿《たど》り着く。だから、多くの場合、いくら年をかさねても、その経験においては経験不足なのである」と述べました。

たとえば、現役を引退した人は、言わば「新参者」、つまり「新しく仲間に加わる人」として入っていくのです。

趣味の会にも、言わば「新参者」として入っていくのです。

引退後の世界においては、まったく「経験不足」な人間なのです。

従って、趣味の会に参加した時も「新参者」として、「経験不足の人間」として、謙虚に振る舞っていかなければならないのです。

現役の頃に、どんなに偉かったかということなど関係ないのです。

過去のことなど意識せず、「新参者」として謙虚に振る舞ってこそ、好意的に受け入れてもらえるのです。

謙虚な気持ちを持って「老人仲間」に入れてもらう。

第9章

人の役に立つことをする

1　人から感謝されない人は寂しい

幕末から明治にかけての教育者で、慶応義塾大学の創設者である福沢諭吉は、「世の中で一番寂しいことは、する仕事がないことだ」と述べました。

この言葉にある「仕事」を「収入を得るための仕事」としてとらえる必要はないと思います。

特に、年をかさねた人間にとっては、そうでしょう。

年をかさねた人たちは、むしろ、この言葉を「人のために役立つ仕事」という意味にとらえたらどうかと思います。

そうすると、この福沢諭吉の言葉が胸に沁《し》みてくると思います。

つまり、年をかさねた人たちにとって、世の中の人のために役立つことを何もせず、そして誰からも感謝されずに生きていくことほど、寂しいものはない……のではないでしょうか。

言い換えれば、何か人のためになることをして、たくさんの人から感謝されるという経験が、年をかさねた人たちにとってはとても大きな生きがいになるのです。

それが大きな生きる喜びとなり、また自分自身の若返りの秘訣にもなるのです。

ですから、たとえ収入が得られないようなことであっても、「人のために役立つ仕事」に積極的に取り組んでいくことが大切だと思います。

もちろん年をかさねても、生活費を得るために働かざるを得ない人もいると思います。

しかし、年金が入るようになって、特別に収入を得るために働かなくてもいいという状況にある人もいます。

そういう状況にある人は、この福沢の言葉にある「仕事」を、むしろ「人のために役立つこと」という意味としてとらえることが大切です。

「人のために役立つ仕事」に取り組む。

2 最後まで元気に働くために大切なこととは?

映画製作や娯楽産業で有名なディズニーの創業者であるウォルト・ディズニー(20世紀)は、「他人に喜びを運ぶ人は、それによって、自分自身の喜びと満足を得る」と述べました。

まさにウォルト・ディズニーは、楽しいアニメーション映画をたくさん制作し、またディズニーランドといった娯楽施設を作ることによって、世界中の人たちに喜びを運びました。

そして、それによってウォルト・ディズニー自身、大きな喜びと満足を得ていたのです。

また、その喜びと満足が、若々しさを保つコツにもなっていたのです。

ウォルト・ディズニーが亡くなったのは65歳でしたが、最後まで若々しく情熱的に活動を続けることができたのです。

ところで、人は、生活のために、様々な職業に就き働きます。

人が働くということは、ある意味で、自分の生活のためです。

しかし、それは、一方で、「他人に喜びを運ぶ」ためのものである必要もあると思います。

「人に喜びを与えたい」という意識を持って働く人が、どのような職業であれ、働くことを通して大きな「満足と喜びを得る」ことができます。

そして、その満足と喜びが、「いつまでも若々しく働く」ということを実現するのです。

「死ぬまで元気に働きたい」という願いを持っている人も多いと思います。

そのような人は、「働くことによって、人に喜びを与える」という意識を持つことが大切です。


働くことを通して、人に喜びを運ぶ。

3 「人のために尽くすこと」が若々しさの妙薬

もちろん、ボランティア活動でも、「他人に喜びを運ぶ」ということができます。

ボランティアを行うことでも、その本人は「喜びと満足」を得ることができます。

そして、その「喜びと満足」が若々しさを保つのです。

ボランティア活動とは、たとえば、障がい者施設で慰問活動を行う、といったことです。

また、経済的に困っている人たちのため慈善活動をする、といったことです。

あるいは、災害にあって困っている人たちのために献金をする、ということもあるでしょう。

場合によっては、被災地へ行って、直接被災者のために活動する、ということもあると思います。

また、身近な人の相談事に乗ってあげる、ということであっても、立派な「他人に喜びを運ぶ」という行為になると思います。

そして、そのように人に喜びを与えてあげることで、「自分自身の喜びと満足を得る」ことができるのです。

「ありがとう」と人から感謝されることは、自分自身にとっての大きな喜びになります。

また、「私は世の中に役に立っている。私には存在価値がある」という大きな満足感を感じます。

自分に自信を持って、誇らしい気持ちで生きていけるようになります。

また、「もっと長生きして、人のため、世の中のためにがんばろう」という意欲も生まれてくるでしょう。

つまり、それが「若々しさの妙薬」となるのです。

「他人に喜びを運ぶ人」になる。

4 人に喜ばれることで、その人は若返っていく

年齢をかさねてきた人たちには、豊富な経験があります。

たくさんの知識もあります。

ある程度の年齢になったら、そのような経験や知識を世の中の人たちのために役立てることを考えていくことが大切です。

収入などあまり得られなくてもいいのです。

場合によっては、無報酬であってもいいと思います。

年をかさねた人間にとっては、「人に感謝される」ということのほうが、とても大きな生きがい、働きがい、そして喜びになるからです。

また、人から感謝されることは、若々しく生きるための特効薬になるからです。

次のような話を聞いたことがあります。

ある男性は、長年オモチャメーカーの製造部門で働いていましたが、定年退職後、

無償でオモチャを修理する活動を行っているのです。

彼のもとには、オモチャを修理してほしいと、たくさんの子供たちがやって来ます。

そればかりでなく、大人も、子供の頃に遊んでいたオモチャの修理を頼みに来るのです。

彼の活動は多くの人たちに喜びを与え、また彼はとても感謝されています。

オモチャというものは乱暴に扱われることがよくあるので、壊れやすいものです。

しかし、壊れたからといってメーカーに修理に出せば、それなりのお金がかかりますから、捨てられたり放置されることも多いのです。

その意味で、彼の活動は大いに役立っているのです。

また、世の中に役立ち、多くの人に感謝されることは、彼の若さと生きがいにもなっています。


豊富な経験や知識を、世の中のために役立てる。

5　自分をいたわり、大切にする

世界的に活躍した女優、オードリー・ヘプバーン（20世紀）は、「年をかさねると、人は自分に二つの手があることに気づく。一つは自分を助ける手。そして、もう一つは他人を助ける手だ」と述べました。

この言葉にある「自分を助ける」とは、「自分自身をいたわり、大切にする」という意味を示しています。

一方で、「他人を助ける」とは、「困っている人を助け、その人たちに喜びを与える」ということです。

オードリー・ヘプバーンは、「人間は年をかさねたら、自分自身をいたわりながら、一方で困っている人を助けていくことも大切」と言っているのです。

つまり「自分のため」と「他人のため」を両立させていくことが大切なのです。

「自分のため」にだけ生きるのでは、本当の意味での「生きる喜び」が得られません。

人に貢献し、人に喜びを与えてこそ、それが自分自身の生きる喜びになっていくのです。

実際に、オードリー・ヘプバーンは、晩年、アフリカの恵まれない子供たちのために熱心に慈善活動を行いました。

人のために貢献するという行為によって、彼女自身、生きがいや生きる喜びを得ていたと思います。

そして、人のために役立つことをする喜びが、彼女の若々しさの秘訣になっていたと思います。

人に喜びを与える行為を、自分の生きる喜びにする。

6 情けは人のためならず、自分のためになる

社会貢献を通して、「私はわずかではあっても、人のために役立っている」という意識を持つことは、その人にとって大きな生きがいと喜びになります。

このような生きがいと喜びを持つことは、特に年をかさねた人には重要なことになってくると思います。

それが健康維持、老化防止、若々しさを保つために非常に効果があることもわかってきているからです。

たとえば、アメリカ心理学会の調査では、ボランティアや慈善活動に参加すると、脳卒中や心臓病の原因となる高血圧症が改善される、という報告がされました。

しかも、1年のうち、25日程度で、その1日あたりの活動時間は8時間くらいのボランティアや慈善活動をするだけでも、そのような効果があることがわかったのです。

さらに、ボランティアや慈善活動をしている人と、していない人を比べると、して

いる人のほうがより「生きていて幸福だ」と思う気持ちが強かった、ということです。

また、他の調査になりますが、「生きていて幸福だ」という思いが、うつ病や認知症になるリスクを下げる、という報告もあります。

日本には、「情けは人のためならず。巡り巡って自分のもとへ」ということわざもあります。

恵まれない人、困っている人、弱い立場にある人のために献身的に何かをしてあげれば、巡り巡って自分にいいことが返ってくる……という意味です。

ボランティアや慈善活動に参加すると健康になり若返る……という結果は、まさにこのことわざ通りだと思います。

人への情けは、自分への恩恵となって返ってくる。

7 「自分の資源」を、第二の人生に生かす

シニアと呼ばれるような人たちには、仕事などを通じて若い頃から蓄えてきた豊富な経験や知識があります。

すぐれた技能や、幅広い見識があります。

また、人脈も豊富です。

そのような「蓄えてきた自分ならではの資源」を、第二の人生でも生かしたい……という意欲が旺盛なのも、アクティブ・シニアと呼ばれる人たちの特徴の一つです。

自分にしかない経験や知識を、人のため、世の中のために役立てたい、という気持ちが強いのです。

そして、そのような自分ならではの資源を生かすことを、第二の人生での生きがいにします。

たとえば、長年出版社で働いてきた編集者が、定年退職後に生まれ故郷に帰り、そ

の土地でコミュニティ雑誌を編集発行する、といったことです。

コミュニティ雑誌を発行することで、その地域の活性化に一役買うことができます。

そのような生きがいや情熱を持って生きることは、アクティブ・シニアと呼ばれる人たちにとって若さを保つ秘訣になっているのです。

さらには、自分ならではの資源を生かした活動を積極的に行っていくことで、多くの人から感謝されます。

また、「たいしたものですね。さすがですね」と、たくさんの人から尊敬もされます。

それもアクティブ・シニアと呼ばれる人たちには大きな喜びとなり、その喜びも若さを促《うなが》してくれるのです。

経験や知識を生かして社会貢献する。

8 「生活不活発病」を防ぐ方法

年をかさねた人が「生活不活発病」になることを防ぐ方法として、「地域社会での役割を担《にな》う」ということがとても有効であると知られています。

たとえば、地域で行われる様々なイベントがあります。

お祭り、盆踊り大会、芸能大会といったことです。

そういうイベントの役員を引き受けてみるのです。

そうすれば、打ち合わせや準備、企業などからの協力の取りつけ、警察や消防から承認を取ること、役所への相談事、業者への手配など、あちこちを歩き回る必要が出てきます。

もちろん、イベントの当日は忙しく働くことにもなるでしょう。

その行為は、その人にとって、かなりの運動量になるのです。

また、地域のボランティア活動に参加する、という方法もあります。

清掃活動、福祉施設への慰問、小学生の通学の見守り活動、公的な施設での案内などです。これもまた、年配者にとってはいい運動になるのです。

そのような活動を通じて、たくさんの人と知り合える、というメリットも生まれてきます。

イベント活動やボランティア活動を通して知り合った人と良い友達になって、一緒に食事に出かけたり、何かスポーツを楽しんだり、あるいは旅行へ出かける、といった機会も増えると思います。

それも「生活不活発病」を防ぐ有効な手段になるのです。

また、地域のために貢献することが生きがいとなって、年配者が若々しさを保っていくための助けになります。

地域のイベントやボランティアに参加する。

9　広い心を持って献身的に生きる

スウェーデンの映画監督であるイングマール・ベルイマン（20〜21世紀）は、「老いるとは山登りに似ている。登れば登るほど息切れするが、視野はますます広がる」と述べました。

この言葉にある「息切れする」とは、人の老化現象を表しています。それこそ、年をかさねると、ちょっとしたことで「息切れする」ということもあるでしょう。

ただし、この言葉には、そればかりではなく、たとえば「体力がなくなる」「腰が痛くなる」「記憶力が悪くなる」といった様々な老化現象も含まれているのです。

そして、人は年をかさねるに従って、身体的にはそのように様々な不具合を感じるようになるのですが、しかし「視野はますます広がる」と言っているのです。

「視野はますます広がる」という言葉には、次のような意味があると思います。

忙しい仕事に追われてバタバタと駆けずり回っていた若い頃には、人は自分のことで精一杯で、世の中のことを広く見渡してみることがなかなかできないと思います。

しかし、忙しい仕事から解放される年齢になると、広い視野で冷静に世の中を見渡すこともできるようになります。

そうすると、この世の中には、困っている人、悲しんでいる人、辛い気持ちでいる人などがたくさんいることがわかってくるのです。

そういう恵まれない人たちがいることがわかったら、「そのような人たちのために何か役立つことをすることも、年をかさねた人間にとっては大切なことだ」……ということをイングマール・ベルイマンは言っているようにも思います。

人のためになる行為が、自分自身の生きがいになり、また若々しさの秘訣になる、ということです。

「世の中には恵まれない人がたくさんいる」と知って行動する。

第10章

ストレスを軽くする

1　強いストレスが老化を早める

ストレスが老化と関係していることが、最近の研究でわかってきています。

ストレスの多い生活を送っていると、老化が早まってしまうのです。

ストレス研究で有名なカナダの生理学者であるハンス・セリエ（20世紀）は、「老化は過去におけるストレスの蓄積である。ストレスが長く続くと身体は衰え、寿命は短縮する」と述べています。

老化は自然現象には違いないのですが、それにはストレスが大きく関わっている、ということです。

また、強いストレスが長く続くと、老化が早く進み、寿命も短くなる、ということになるのです。

また、ストレス過剰の生活を送っている人には認知症の発症率が高い、ということもわかってきています。

そういう意味では、「ストレスの少ない生活をする」ということが、若々しさを保っていくための大切なコツになってくるのです。

そこで、年配者がストレスを溜めないコツをいくつか紹介しておきます。

＊相談相手を持つ。
＊趣味を持って楽しむ。
＊適度な運動をする。
＊外出を楽しむ。（日々の買い物や旅行など）
＊寛《くつろ》ぐ時間を持つ。（テレビを観たり、音楽を聴く）

以上のようなことを心がけていくことで、ストレスが軽減されます。

そして、それが若々しさのコツになるのです。

ストレスの少ない生活を心がける。

2　病気になっても、クヨクヨしない

一般的には、年配者には「ストレスは少ない」と思われているかもしれません。

年配者は、仕事や子育てのストレスから解放されている人が多いからです。

しかし、実際には、日頃からストレスを感じている人もたくさんいます。

ある調査では、65歳以上の年配者では、約４割の人たちが多かれ少なかれ日常的にストレスを感じていると答えています。

年配者が特にストレスを感じるのは「健康問題」です。

人間、年をかさねれば、様々な病気に悩まされることが多くなります。

病気になって思い悩んだり、「寝たきりになったら、どうしよう」などと想像して不安を感じたりすることが、強い精神的ストレスになるのです。

また、しょっちゅう病院へ行かなければならなくなることもストレスになります。

もし入院することになれば、それも強いストレスになります。

ここで大切なことは「クヨクヨしない」「楽天的に考える」ということだと思います。

何か病気になったとしても、クヨクヨ思い悩まないことです。

その病気を、「これから長くつき合っていく良き友人」といったふうに考えて、楽天的な気持ちでいることが大切です。

自分のかかった病気について本を読んだり、あるいは病院の医師の講演会などを聞きに行ったりして、勉強してみることも、病気を理解できクヨクヨ悩まないコツになります。そして、面倒な病院通いについても、発想を転換して、「いい運動になる」と楽天的に考えます。

たとえ入院することになったとしても、「本が読める」「ゆっくり休める」「人生を考え直す時間を得られる」「友だちを増やすいいチャンスだ」と楽天的に考えます。

そう考えれば、病気のストレスを和らげられるでしょう。


病気を「長くつき合える良き友人」と考えてみる。

3　家族の病気を、一人で抱えこまない

年配者にとって、病気は大きなストレスになります。

自分自身が病気になることも大きなストレスになりますが、それと同じように家族や配偶者の病気も大きなストレスになってのしかかってきます。

パートナーが病気になって、自分が看病や介護をしなければならない事態です。むしろ自分自身の病気よりも、パートナーの病気のほうが精神的な負担は大きいかもしれません。

自分の病気のことでしたら、「まあ、年なのだからしょうがない」と開き直ってしまうこともできます。

しかし、パートナーの病気になると、「自分が何とかしてやらないといけない」と強い責任感を感じてしまいがちです。

その責任感が、強いストレスを引き起こしてしまうのです。

こういうケースで大切なことは、「誰かに相談する」「一人で抱えこまない」ということだと思います。

つまり、「自分が何とかしてやらないと……」と、あまり強く考えすぎないほうがいいのです。

年配者が困ったことが起こった時に、まず相談するのは家族でしょう。

それはいいと思うのですが、できれば子供に限らず、自治体やNPOなどの専門の相談員、介護事業を行っている団体のカウンセラー、あるいはご近所の人、友人など、幅広い人たちに相談していくほうがいいと思います。

自分たちをサポートしてくれる人はたくさんいるほうが安心できるからです。

また、それぞれの立場の人たちの多様な意見を聞いて参考にすることができます。

たくさんの人に相談して、自分たちのサポーターを増やす。

4　死別を、一人きりで悲しまない

年配者にとって、配偶者の死ほど大きなストレスになるものはないでしょう。

「あの人は妻（あるいは夫）を亡くされてから、急に老け込んだ」といった話もよく聞きます。

配偶者に先立たれた悲しみ、また、配偶者を失ってからの自分の生活への不安といったものが大きなストレスになります。

そして、そのストレスが老化を早めることにつながるのです。

特に、妻に先立たれた男性に、急に老け込んでしまう人が多いようです。

一方で、夫に先立たれた女性は、どちらかと言うと、悲しみから立ち直るのが早いようです。女性の中には、夫と死別した後、昔よりもかえって若々しくなる、元気になる……という人さえいます。

この男性と女性の差は、どこに原因があるのでしょうか。

思うに、次のようなことではないでしょうか。

＊妻と死に別れた男性は、その後一人でふさぎ込むことが多くなる。

＊夫と死に別れた女性は、その後友人たちとのつき合いに慰《なぐさ》めと癒《いや》しを求めるようになる。

つまり、男性は、妻と死に別れたことをきっかけに人づき合いが少なくなってしまうようです。しかし、孤独感は、いっそう悲しみを強める結果をもたらします。

一方で、女性は、夫と死に別れたことをきっかけに、逆に友人などとの人づき合いが多くなる傾向があるようです。

人づき合いが心の癒しとなり、周りの人たちの慰めや励ましの言葉が喜びにもなります。

それが、ある意味、女性にとっては若々しさを取り戻すきっかけになるのでしょう。

親しい人たちとのつき合いに、慰めと癒しを求める。

5　人に話を聞いてもらう

作家の瀬戸内寂聴さんは、以前、定期的に説法会を行っていました。

毎回、大勢の人たちが集まってきます。

その中には、夫や妻など愛する人と死別した悲しみを抱えてやって来る人も少なくないようです。

ところで、その死別の悲しみを抱えてやって来る人は、圧倒的に女性のほうが多いようです。

男性はあまり来ません。

やはり、女性のほうが、何か精神的な苦痛を感じる時、「人と会って話を聞きたい」「誰かに自分の気持ちを聞いてもらいたい」「人と会って話をすることによって、慰《なぐさ》めや癒《いや》しを得たい」という気持ちが強いようです。

そして、多くの女性にとって「人と会う」ことが、悲しみを乗り越えるきっかけになるのです。

気持ちを転換し、「これからは、死んだあの人の分まで一生懸命に生きていこう」と決心するきっかけになるのです。

そして実際に、夫と死に別れてからも若々しく生きている女性も多いのです。

愛する人と死別するという経験を持つ男性も、そのような女性の特徴からもっと学ぶほうが良いと思います。

とにかく、一人で悲しみ、一人で悩んでいると、自分自身がますます老け込んでいくばかりなのです。

ですから、女性を見習って、大きな悲しみを抱えている時ほど「人に会って話をする」ということを心がけることが大切です。


一人きりで悲しまない、悲しみを人に話す。

6　お金の悩みを一人で抱えこまない

お金の悩みも、年配者にとっては大きなストレスになります。

というのも、「年金収入だけでは生活していけない」という人も少なくないからです。

また、「年金がもらえない」という人もいます。

そういう状況の中で、病気の治療費がかさんだり、また賃貸住宅の家賃の支払いがあったりで、ストレスが溜まっていってしまうのです。

こういうケースでも、できるだけたくさんの人たちに相談することが大切になってきます。

子供たちや、あるいは自治体の担当者に相談します。

年配者支援を行っている団体に話を持っていってもいいでしょう。

誰かに相談したからといって、それですぐに生活が楽になるということはないと思います。

しかし、精神的にはかなり楽になります。

心に元気も出てきます。

「どうにかなるだろう」と、楽天的な気持ちにもなります。

それが大事なのです。

一人で悩みこんでいると、気持ちがどんどん落ち込んでいくばかりです。

生きる意欲を失って、「もう生きていてもしょうがない」と自殺を考える……というところまでいってしまう危険もあります。

ですから、相談できる相手には、すべて相談しておくほうが良いと思います。

気持ちが楽になって元気が戻れば、「どうにかして、がんばっていこう」という若々しい意欲も生まれてきます。


誰かに相談することで、気持ちが楽になる。

7　欲が薄らいでいくから、感謝できる

年齢をかさねるに従って、人の「欲」というものは自然に薄らいでいきます。

若い頃のように「もっとお金持ちになりたい」「もっと出世したい」「もっと異性にもてたい」といった欲に振り回されてガムシャラになって生きていく、ということがなくなっていきます。

それも「年をかさねることの良いこと」の一つだと思います。

というのも、欲が薄くなっていくのに従って、今の生活を心から「ありがたい」と思い、そして感謝する気持ちが生まれてくるからです。

若い頃、欲に振り回されていると、それができないと思います。

とにかく「もっといい生活をしたい」ということで頭がいっぱいで、今の生活に満足し感謝するという気持ちはどこかに行ってしまっているのです。

しかし、年をかさねると、感謝と満足の気持ちが生まれてきます。

たとえ自由になるお金が少なくなって、ぜいたくな暮らしなどできなくても、今の生活に「健康でいられるだけで、なんてありがたいんだ」と思えるようになります。

たとえ高い社会的な地位などなくても、「これといった大きな不幸もなく生きていけている」ということに感謝する気持ちが生まれてきます。

たとえ異性にもてなくても、話し相手になってくれる人が身近にいることに満足していけます。

ありがたいと感じ、感謝し、そして満足する……これも年をかさねた人にとってストレス軽減になり、また、安らかな心で幸福を実感して生きていくコツになります。

これらの考え方も、幾つになっても若々しくいるためには大切なことであります。従って、欲が薄くなっていくことは、人生上むしろ良いことと言えます。

今の生活に感謝し満足していく。

8　年をかさねたら「すぎない」ことを心がける

サルやネズミなどを使った動物実験で、小食の生き物ほど元気に長生きし、一方で、食べすぎの生き物は寿命が短くなる、ということがわかっています。

そして、このことは人間にも当てはまる可能性がある、という報告がなされています。

つまり、若々しさを保っていくためには、「食べすぎ」は良くない、ということです。

ただし、これは「食べる」ということだけに限ったことではありません。

色々な意味で「すぎ」ということは良くありません。

老化を早めてしまう原因になるからです。

たとえば、次のようなことです。

＊「がんばりすぎ」

＊「考えすぎ」

＊「欲張りすぎ」
＊「悩みすぎ」

「食べすぎ」は体内に脂肪を溜めますが、ここに掲げたような「すぎ」は精神にストレスを溜め込む原因になります。

そして、精神的なストレスも、若々しさを失ってしまう大きな要素の一つになるのです。

そういう意味では、年をかさねていくに従って、「すぎない」ということを心がけて生活していくのが良いと思います。

がんばりすぎない、考えすぎない……つまり、無理せず、自然体で、あるがままに悠々《ゆうゆう》と生きていくことが大切です。

無理をしないで悠々《ゆうゆう》と生きていく。

9　体力的に「無理なことはしない」

人は年をかさねていくに従って、若い頃にできていたことが、だんだんとできなくなってきます。

たとえば、若い頃は、「仕事が忙しい時は、平気で徹夜仕事ができた」という人も、年齢をかさねていくにつれて、徹夜仕事がきつくなってきます。

無理して徹夜仕事を続ければ、それをきっかけに体調を崩して、その後何日か寝込んでしまう……ということにもなりかねません。

そういう意味では、自分の年齢に合わせて、特に体力や体調に合わせて「無理をしない」ということも、若々しさを保っていくコツになると思います。

体力が衰えてきているのに、無理なことをしてしまえば、むしろ老化を早めてしまうことになるでしょう。

あるスポーツ医学の専門家が言っていましたが、若い頃に体育会系の部活に所属するなどして、自分の体力に自信がある人ほど、年をかさねてから無理なことをしてケガをしたり体調を崩してしまう人が多い……ということです。

言い換えれば、若い頃に体力があった人でも、現在の自分の体力がどの程度のものなのか、いつも自分でチェックしておくことが大切なのです。

また、日々、今日の自分の体調がどの程度か自分で確認しておくことも大切です。

そして、現在の自分の体力、今日の自分の体調に合わせて「無理なことをしない生活」を心がけていくことです。

そうすることで、ケガや病気をせずに若々しく「元気な暮らし」を持続していくことができるのです。

今日の自分の体調に合わせる。

年をかさねても「若い人」の95のコツリスト

1 自分の健康管理をし、「生きる」ことに積極的になる。

2 「楽しい」「うれしい」という言葉を口にする。

3 １００歳過ぎたら、ギネスブックに載ることを「夢」にする。

4 いくつになっても学び始め、学びつづける。

5 三行日記を書いて若々しさを保っていく。

6 「明日、やりたいこと」を思い浮かべながら就寝する。

7 二十年ごとの人生プランを設計する。

8 「これからの人生で何をしたいか」を考える。

9 「私はまだまだ若い」と思い続ける。

10 クヨクヨ思い悩まず、楽しいことを考える。
11 自由な時間を、有効に使う。
12 若い頃に叶えられなかった夢にチャレンジする。
13 周りの人の意見は気にせず、挑戦する。
14 趣味を見つける。
15 ゼロから学びなおす。
16 高齢になっても自分が活躍できる仕事をする。
17 チャレンジ精神を失った時から、老化が早まる。
18 何歳になっても、旺盛なチャレンジ精神を発揮する。
19 何歳になっても意志と情熱と冒険心を持って生きる。
20 疑い、恐怖、失望を捨てて生きていく。
21 外へ出て、積極的に活動する。
22 食事、運動で、健康を保つ。

23 怒らない、不満を溜めない、よく笑う。
24 いい運動になると思って、人に甘えない。
25 体を動かす。
26 足腰を鍛えておく。
27 一日一万歩を目標にして足腰を鍛える。
28 子供の頃に楽しんだ趣味を復活する。
29 「手」「体」「頭」を意識しながら遊ぶ。
30 尻取りや、早口言葉で遊んでみる。
31 回想することで若返る。
32 朗読サークルに参加してみる。
33 「旅」プラス「遊び」で、若返る。
34 個性を生かして、何かを創造する。
35 気持ちがドキドキ、ワクワクする相手を見つける。

36 ドキドキする感情を、みずから楽しむ。

37 老化防止のために、心に潤いを与える。

38 時間をムダに使わずに、大いに楽しむことを考える。

39 人と会うチャンスを作る。

40 人からたくさんのことを教えてもらう。

41 気軽に会える友人を作っておく。

42 男性も女性を見習って、良き友人を持つ。

43 趣味を一人きりで楽しんでいるのは、もったいない。

44 親しくつき合える友人を持つ。

45 面倒な人づき合いを避けない。

46 動物の命を大切にする。

47 一日一回は笑うよう心がける。

48 ほがらかに笑う。

49 鈍感になることを嘆《なげ》かない。

50 嫌なことなどすぐに忘れてしまう。

51 年齢をかさねることを楽天的に考える。

52 「一病息災」のほうが、元気に明るく生きられる。

53 「イメージ療法」で、病気に打ち勝つ。

54 楽観的な考えを持って生きていく。

55 「病は気から」。健全で前向きな考え方を心がける。

56 楽天主義によって、若々しいエネルギーを取り戻す。

57 「知らない」ことについて思い悩まない。

58 生きている間に、死ぬことを考えても意味がない。

59 部屋を散らかさない。きれいに掃除しておく。

60 ピンク色のバラを部屋に飾ってみる。

61 昼には空の雲を、夜には星空を眺めてみる。

62 「私は幸せだ」と思って生きていく。
63 「今日の幸せ」を見つけ出してから寝る。
64 現役引退後に「やりたいこと」を決めておく。
65 不愉快な出来事も、笑い飛ばす。
66 「感動すること」を日々の習慣にする。
67 「すごい！　すばらしい！」を連発して、人の話を聞く。
68 若々しい服を着て、若々しい気持ちになる。
69 「私はもう若くない」と考えない。
70 実年齢よりも若いつもりで生きていく。
71 自分の気持ちが明るく元気になるような言葉を使う。
72 若者から、若々しいエネルギーをもらう。
73 若い人が多い活動に、自分も参加してみる。
74 子供を集めて、昔の遊びを教えてあげる。

75 子供たちに、絵本の読み聞かせをしてあげる。

76 人からどう思われているかなど気にしない。

77 謙虚な気持ちを持って「老人仲間」に入れてもらう。

78 「人のために役立つ仕事」に取り組む。

79 働くことを通して、人に喜びを運ぶ。

80 「他人に喜びを運ぶ人」になる。

81 豊富な経験や知識を、世の中のために役立てる。

82 人に喜びを与える行為を、自分の生きる喜びにする。

83 人への情けは、自分への恩恵となって返ってくる。

84 経験や知識を生かして社会貢献する。

85 地域のイベントやボランティアに参加する。

86 「世の中には恵まれない人がたくさんいる」と知って行動する。

87 ストレスの少ない生活を心がける。

88 病気を「長くつき合える良き友人」と考えてみる。

89 たくさんの人に相談して、自分たちのサポーターを増やす。

90 親しい人たちとのつき合いに、慰めと癒しを求める。

91 一人きりで悲しまない、悲しみを人に話す。

92 誰かに相談することで、気持ちが楽になる。

93 今の生活に感謝し満足していく。

94 無理をしないで悠々《ゆうゆう》と生きていく。

95 今日の自分の体調に合わせる。

年をかさねても「若い人」の95のコツ

2018年12月20日　初版第1刷発行

著　　者　植西　聰

発行者　笹田大治
発行所　株式会社興陽館
〒113-0024
東京都文京区西片1-17-8 KSビル
TEL 03-5840-7820
FAX 03-5840-7954
URL http://www.koyokan.co.jp
振替　00100-2-82041

装　　幀　長坂勇司(nagasaka design)
校　　正　結城靖博
編集補助　稲垣園子＋島袋多香子＋岩下和代
編集人　本田道生
印　　刷　KOYOKAN,INC.
D T P　有限会社天龍社
製　　本　ナショナル製本協同組合

ISBN978-4-87723-234-4　C0095